Tout en couleurs

Poche

Visuel

Excel 97

Une collection

3-D Visuel

de

First Interactive

IDG BOOKS

maranGraphics™

Excel 97 Poche Visuel

Publié par
IDG Books Worldwide, Inc.
Une société de International Data Group
919 E. Hillsdale Blvd., Suite 400
Foster City, CA 94404

Edition française publiée en accord avec IDG Books Worldwide par :

Éditions First Interactive
13-15 rue Buffon
75005 PARIS – France
Tél. 01 55 43 25 25
Fax 01 55 43 25 20
Minitel : 3615 AC3*F1RST
E-mail : firstinfo@efirst.com
Web : www.efirst.com

ISBN : 2-84427-006-9
Dépôt légal : 3e trimestre 1998

Derrière (de gauche à droite) :
Sherry Maran, Rob Maran, Richard Maran, Maxine Maran, Jill Maran.

Devant (de gauche à droite) :
Judy Maran, Ruth Maran.

Richard Maran est le fondateur de la société et son principal concepteur. Depuis plus de 20 ans, il met en œuvre sa vision d'une communication plus efficace fondée sur la fusion entre le texte et l'image, permettant aux lecteurs de saisir instantanément les concepts exposés.

Ruth Maran est à la fois l'auteur et l'architecte des ouvrages, un rôle défini par Richard, mais sur lequel elle a aujourd'hui imposé sa marque. Ruth crée la structure textuelle et visuelle qui sert de base aux ouvrages.

Judy Maran est responsable de la publication. Elle travaille en collaboration avec Ruth, Richard et la très talentueuse équipe maranGraphics, composée d'illustrateurs, de graphistes et de rédacteurs.

Rob Maran est l'expert technique et le chargé de production. Il s'assure que la technologie de pointe utilisée pour la réalisation des ouvrages fonctionne toujours de manière satisfaisante.

Sherry Maran est responsable de l'accueil, du service des commandes et de nombre de domaines exigeant une disponibilité et une efficacité immédiate.

Jill Maran est le joker de la maison et son moteur de secours, intervenant là où on a besoin d'elle dès que ses études lui en laissent le temps.

Maxine Maran dirige l'entreprise et représente le sage de la famille. Garante de l'ordre aussi bien dans le domaine professionnel que familial, elle s'assure que tout fonctionne de manière harmonieuse.

Auteur
Ruth Maran

Adaptation française
Pierre Brandeis

TABLE DES MATIÈRES

COMPTE DE RÉSULTAT

	Janvier	Fevrier	Mars
VENTES	8700	11500	13670
Salaires	3850	4850	5250
Locations	1750	1750	1750
Fournitures	1920	1980	2030
Total des dépenses			
BÉNÉFICE			

POUR DÉMARRER

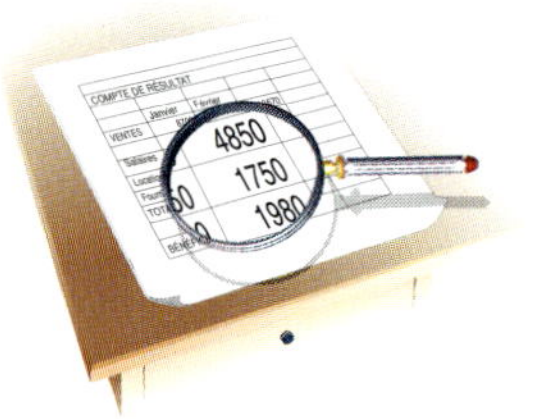

ENREGISTRER UN CLASSEUR

MODIFIER UNE FEUILLE DE CALCUL

FORMULES ET FONCTIONS

TABLE DES MATIÈRES

METTRE EN FORME UNE FEUILLE DE CALCUL

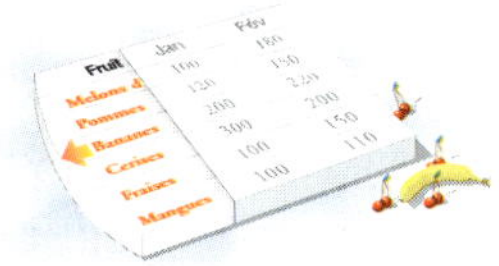

IMPRIMER UNE FEUILLE DE CALCUL

UTILISER PLUSIEURS FEUILLES

TRAVAILLER AVEC LES GRAPHIQUES

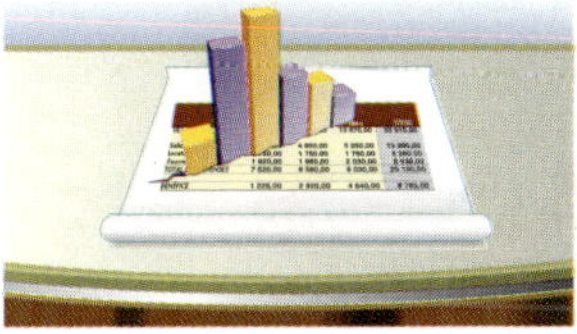

INTRODUCTION À EXCEL

Formules et Fonctions
Excel propose des outils performants permettant de calculer et d'analyser les données des feuilles de calcul.

Graphiques
Avec Excel, il est possible de créer des graphiques en couleurs à partir des données d'une feuille de calcul.

Excel vous permet d'organiser, d'analyser et de présenter des informations sous forme de tableaux et de graphiques.

Modifier et mettre en forme des données

Grâce à Excel, vous saisissez, modifiez et mettez en forme les données d'une feuille de calcul de manière efficace.

UTILISER LA SOURIS

Une souris est un outil que l'on manipule avec la main pour sélectionner et déplacer des objets à l'écran.

ACTIONS DE LA SOURIS

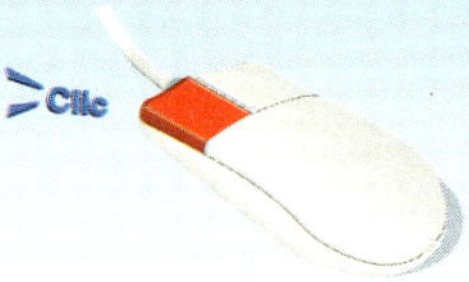

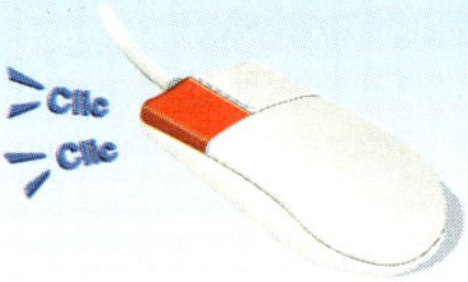

Cliquer

Appuyez sur le bouton gauche de la souris, puis relâchez-le.

Double-cliquer

Appuyez deux fois de suite sur le bouton gauche de la souris, puis relâchez-le.

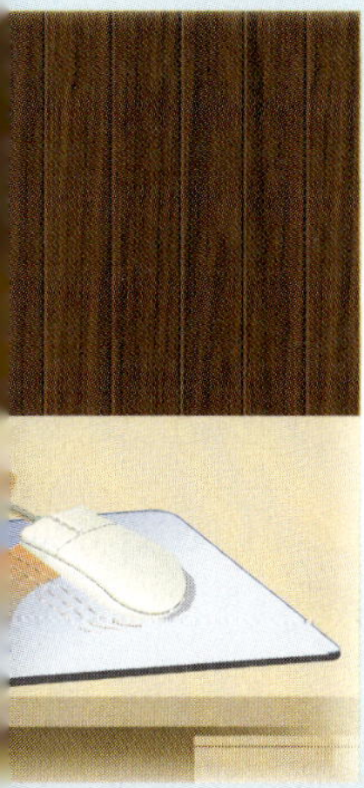

Lorsque vous déplacez la souris sur votre bureau, son pointeur se déplace dans la même direction sur votre écran. Ce pointeur prend différentes formes, telles que ou , suivant son emplacement et l'opération en cours d'exécution.

Placez votre main sur la souris. Utilisez le pouce et les deux derniers doigts pour la déplacer, l'index et le majeur servant à appuyer sur les boutons.

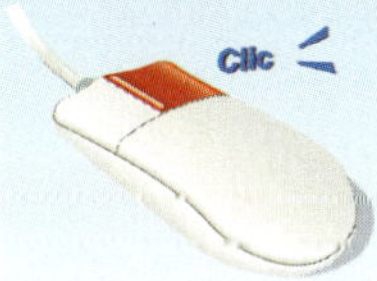

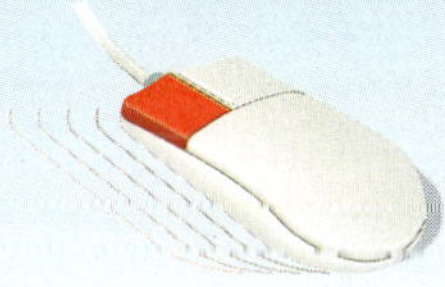

Cliquer du bouton droit

Appuyez sur le bouton droit de la souris, puis relâchez-le.

Glisser-Déposer

Placez le pointeur de la souris sur un objet de l'écran, puis pressez et maintenez enfoncé le bouton gauche de la souris. Sans relâcher le bouton gauche, déplacez le pointeur à l'endroit où l'objet doit être placé, et relâchez le bouton.

DÉMARRER EXCEL

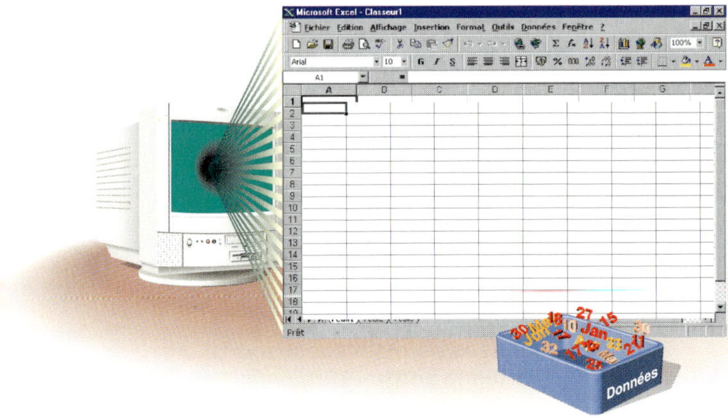

DÉMARRER EXCEL

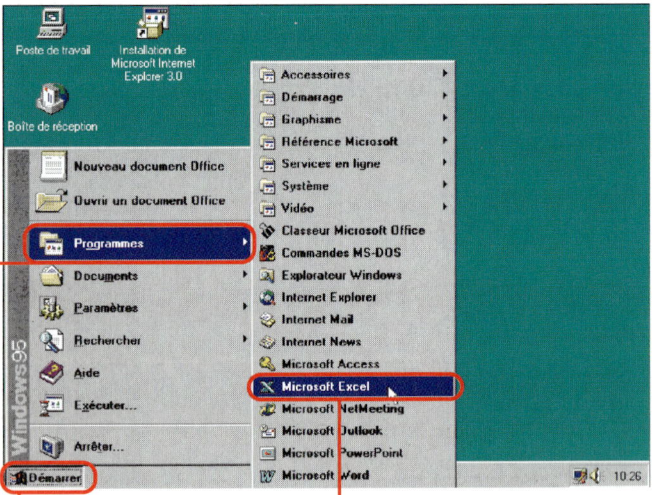

1 Cliquez sur **Démarrer**.

2 Pointez sur **Programmes**.

3 Cliquez sur **Microsoft Excel**.

■ La fenêtre Microsoft Excel apparaît, affichant une feuille de calcul vierge.

Lorsque vous démarrez Excel, une feuille de calcul vierge apparaît à l'écran. Vous pouvez alors y saisir des données.

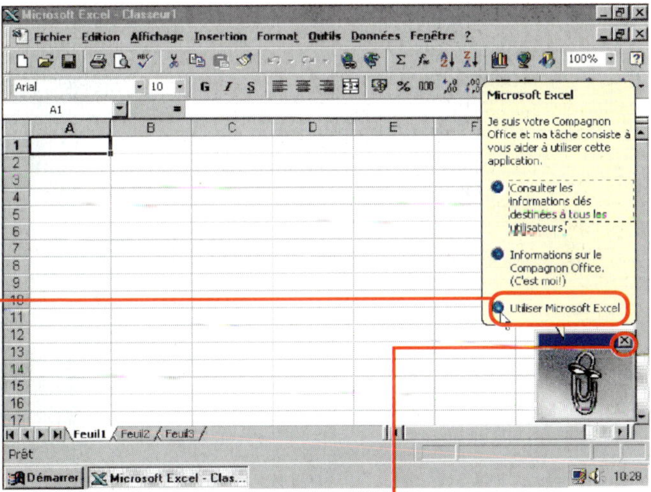

■ Si vous démarrez Excel pour la première fois, le Compagnon Office vous accueille.

4 Pour commencer à utiliser Excel, cliquez sur cette option.

■ Pour fermer le Compagnon Office, cliquez sur ☒.

Note. Pour plus d'informations sur le Compagnon Office, reportez-vous à la page 33.

L'ÉCRAN D'EXCEL

L'écran d'Excel affiche différents éléments qui vous aideront à présenter des données et effectuer des calculs de manière efficace.

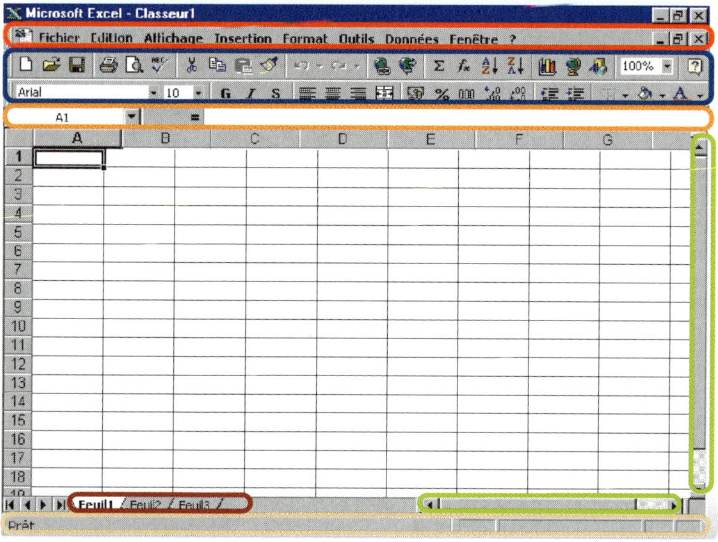

Barre des menus

Contient les commandes pour des tâches diverses.

Barres d'outils

Disposent des boutons pour sélectionner rapidement les commandes usuelles.

Barre de formules

Affiche la référence de la cellule active ainsi que son contenu.

Barre de défilement

Elle permet de faire défiler le contenu de la fenêtre pour accéder à d'autres parties du document.

Barre d'état

Affiche les informations concernant la tâche que vous effectuez.

Onglets des feuilles de calcul

Un fichier Excel est appelé un «classeur». Chaque classeur comprend plusieurs feuilles de calcul. Pour chacune d'elles, Excel affiche un onglet.

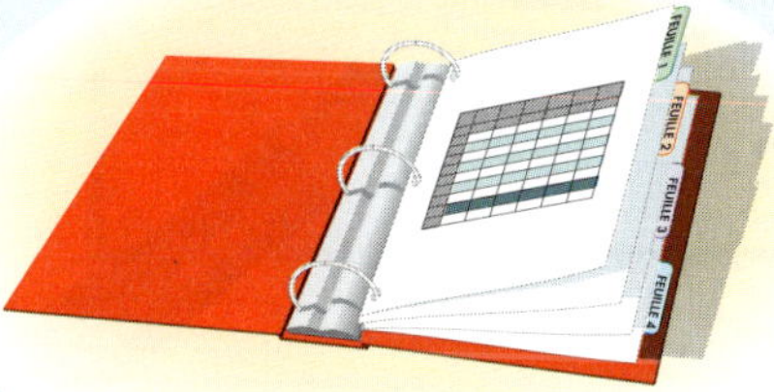

FEUILLES DE CALCUL : LES BASES

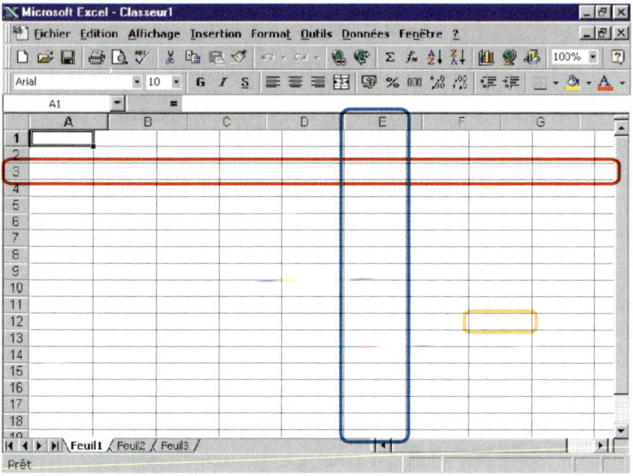

FEUILLES DE CALCUL : LES BASES

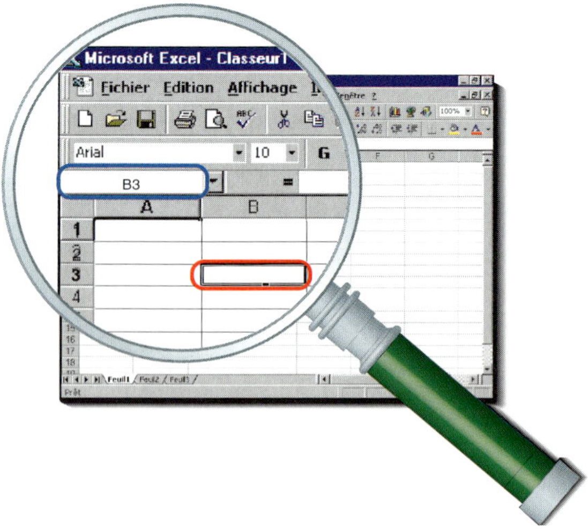

Une feuille de calcul est constituée de lignes, de colonnes et de cellules.

Ligne
Suite horizontale de cases, identifiée par un chiffre.

Colonne
Suite verticale de cases, identifiée par une lettre.

Cellule
Case d'une feuille de calcul.

Référence d'une cellule
La référence d'une cellule indique son emplacement dans la feuille de calcul. Une référence est constituée d'une lettre désignant la colonne et d'un chiffre désignant la ligne (Exemple : B3).

Cellule active
Les informations sont saisies dans la cellule active dont la bordure apparaît en gras.

SAISIR DES DONNÉES

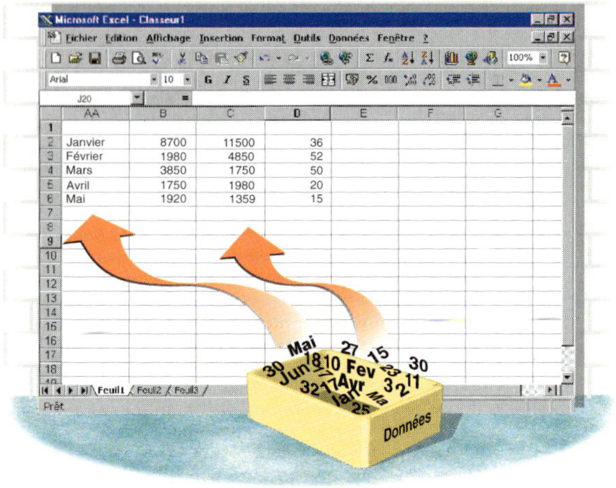

SAISIR DES DONNÉES

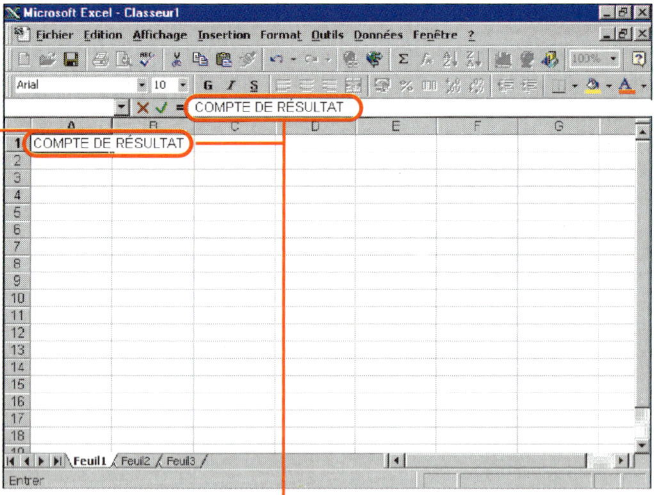

1 Cliquez sur la cellule où vous voulez saisir des données.

■ Si vous faites une faute de frappe, pressez la touche ← pour la supprimer, puis recommencez.

■ Les données saisies apparaissent dans la cellule active ainsi que dans la barre de formule.

Vous pouvez saisir des données dans une feuille de calcul aisément et rapidement.

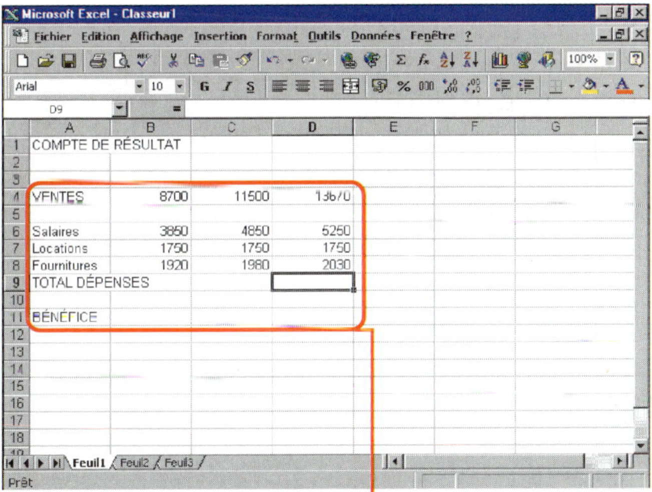

2 Pour conserver les données dans la cellule et passer à la suivante, pressez la touche **Entrée** .

Note. Pour conserver les données et se déplacer d'une cellule dans n'importe quel sens, appuyez sur les touches ↑ , ↓ , ← *ou* → .

3 Répétez les étapes **1** et **2** jusqu'à la saisie complète des données.

SAISIR DES DONNÉES

Lorsque le voyant **NUM** (situé dans la partie supérieure droite du clavier) est allumé, vous pouvez utiliser le pavé numérique pour saisir des nombres.

SAISIR DES DONNÉES

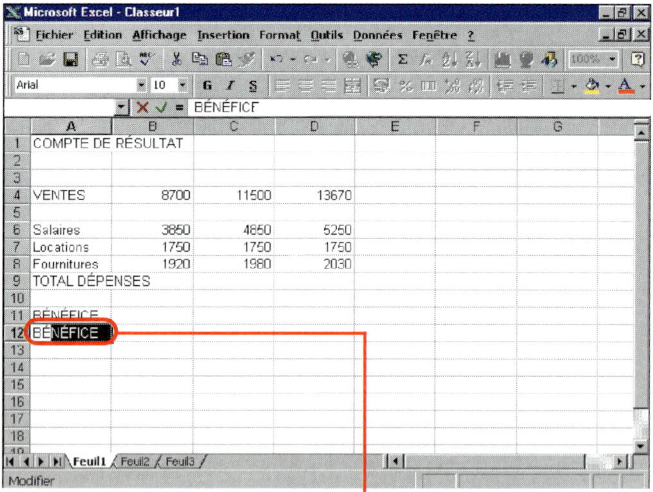

COMPLÉTER AUTOMATIQUEMENT

Si les premières lettres de la saisie correspondent à celles d'une autre cellule de la même colonne, Excel complétera automatiquement le texte.

■ Pour valider les données dans la cellule, pressez la touche Entrée .

■ Pour obtenir un texte différent, continuez la saisie.

■ Pour activer ou désactiver le pavé numérique, pressez la touche **Verr Num** .

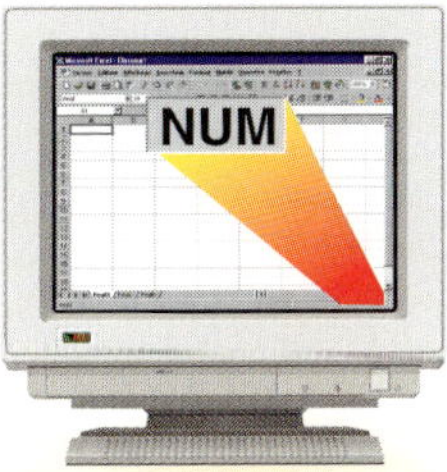

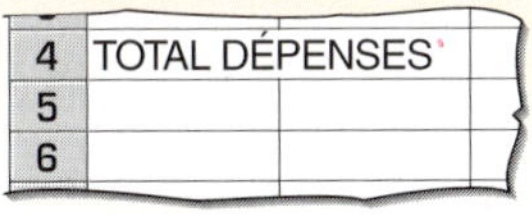

Intitulés longs

Si le texte saisi est trop long pour tenir dans une seule cellule, il dépassera sur la cellule voisine.

Si la cellule voisine contient déjà des données, Excel affichera autant de texte que le permet la largeur de la colonne. Pour modifier la largeur de la colonne, reportez-vous à la page 116.

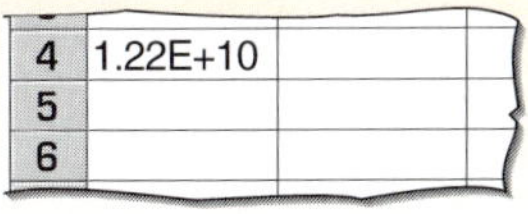

Nombres longs

Si le nombre saisi est trop long pour tenir dans une seule cellule, Excel l'affichera sous une forme scientifique ou sous forme de signes (#). Pour modifier la largeur de la colonne, reportez-vous à la page 116.

COMPLÉTER UNE SÉRIE

COMPLÉTER UNE SÉRIE

Série d'intitulés

Lun	Mar	Mer	Jeu
Produit 1	Produit 2	Produit 3	Produit 4
1er trimestre	2ème trimestre	3ème trimestre	4ème trimestre

■ Excel complète une série d'intitulés à partir du contenu de la première cellule.

Série de chiffres

1995	1996	1997	1998
5	10	15	20
202	204	206	208

■ Excel complète une série de chiffres à partir des contenus des deux premières cellules.

Ces chiffres indiquent à Excel la progression à donner à la série.

Excel vous permet de gagner du temps, en complétant automatiquement un texte ou une série de chiffres.

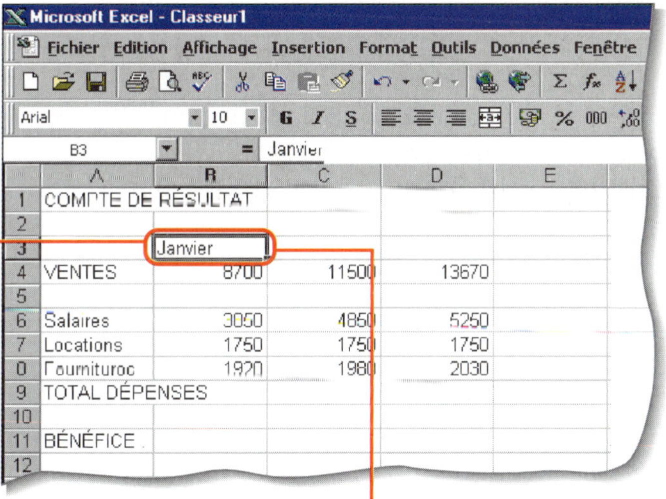

1 Saisissez le texte ou les deux premiers chiffres de la série.

2 Sélectionnez ensuite la (les) cellule(s) contenant l'intitulé ou les chiffres saisis. Pour sélectionner des cellules, reportez-vous à la page 20.

COMPLÉTER UNE SÉRIE

COMPLÉTER UNE SÉRIE (SUITE)

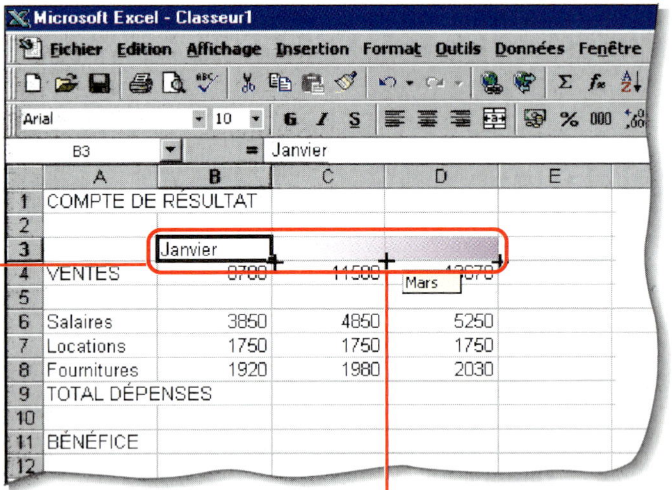

3 Placez le pointeur ✚ sur le coin inférieur droit de la (les) cellule(s) (le pointeur ✚ devient **+**).

4 Déplacez le pointeur **+** sur les cellules à inclure dans la série.

Pour donner une présentation plus attrayante à une feuille de calcul, vous pouvez aisément modifier la couleur des données. Pour ce faire, reportez-vous à la page 136.

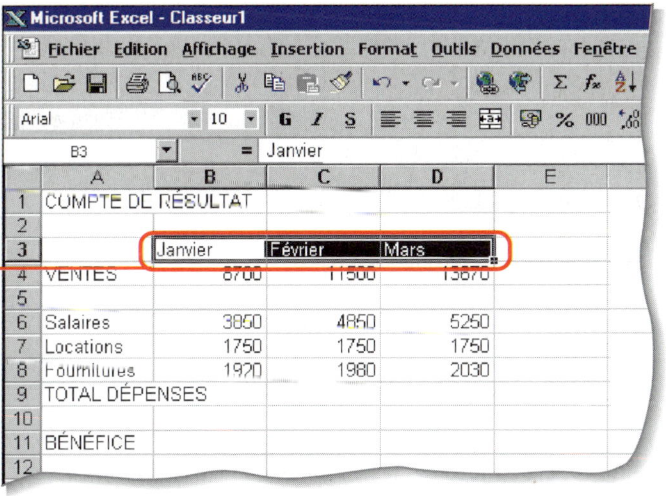

■ Les cellules affichent la série.

*Note. Il est également possible de compléter une série en colonne en suivant les étapes **1** à **4**.*

SÉLECTIONNER DES CELLULES

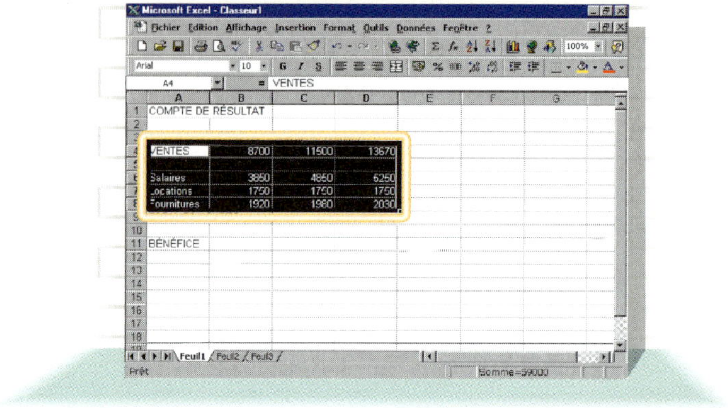

SÉLECTIONNER DES CELLULES

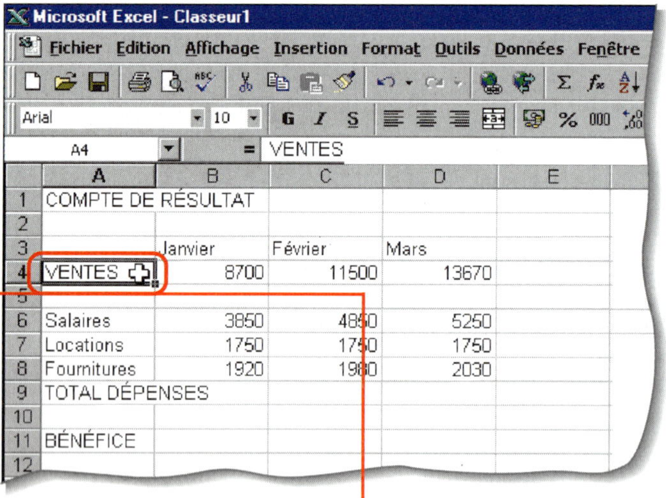

1 Cliquez sur la cellule à sélectionner.

■ La cellule devient alors active et présente une bordure en gras.

Vous devez sélectionner les cellules avec lesquelles vous souhaitez travailler, avant d'effectuer une tâche sous Excel. Les cellules sélectionnées apparaissent en surbrillance (ou vidéo inverse) à l'écran.

SÉLECTIONNER PLUSIEURS CELLULES

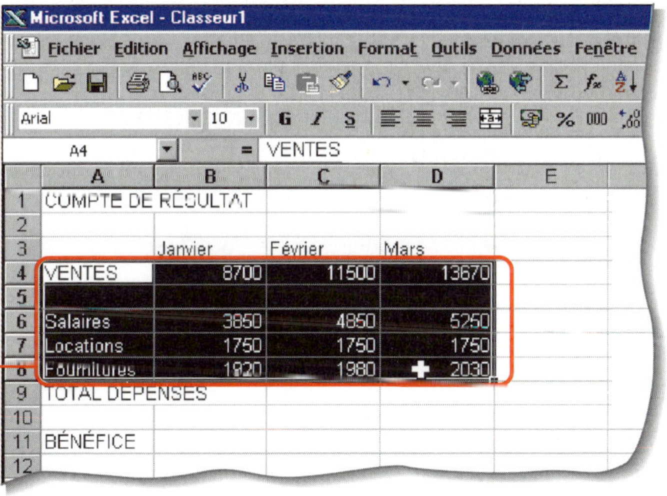

1 Placez tout d'abord le pointeur ✚ sur la première cellule à sélectionner.

2 Déplacez le pointeur ✚ pour sélectionner les autres cellules choisies.

■ Pour sélectionner plusieurs groupes de cellules, maintenez enfoncée la touche **Ctrl** en répétant les étapes **1** et **2** pour chaque groupe de cellules.

■ Pour annuler la sélection des cellules, cliquez sur n'importe quelle cellule.

SÉLECTIONNER DES CELLULES

Vous pouvez sélectionner d'un seul coup toutes les cellules d'une feuille de calcul.

SÉLECTIONNER UNE LIGNE

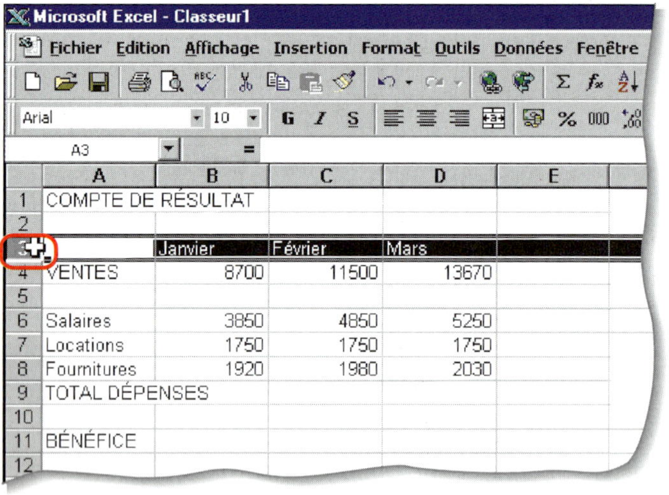

1 Cliquez sur le chiffre représentant la ligne à

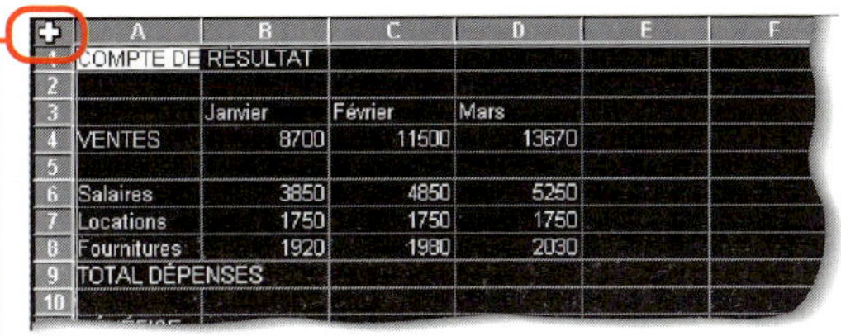

■ Pour sélectionner toutes les cellules d'une feuille de calcul, cliquez sur le coin supérieur gauche du tableau (à la conjonction des en-têtes de lignes et de colonnes).

SÉLECTIONNER UNE COLONNE

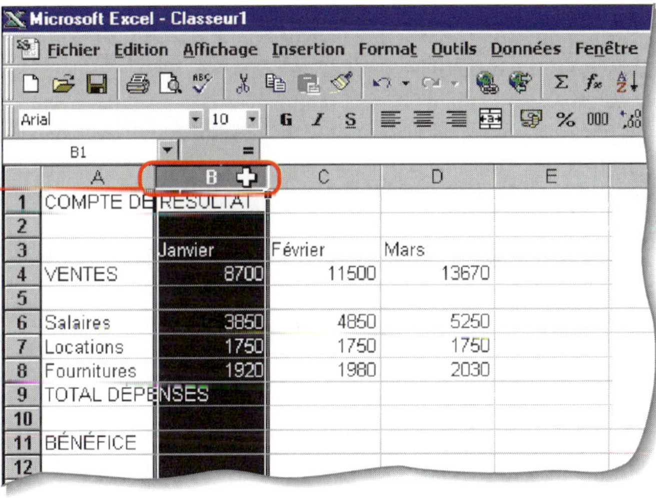

1 Cliquez sur la lettre représentant la colonne à sélectionner.

FAIRE DÉFILER UNE FEUILLE DE CALCUL

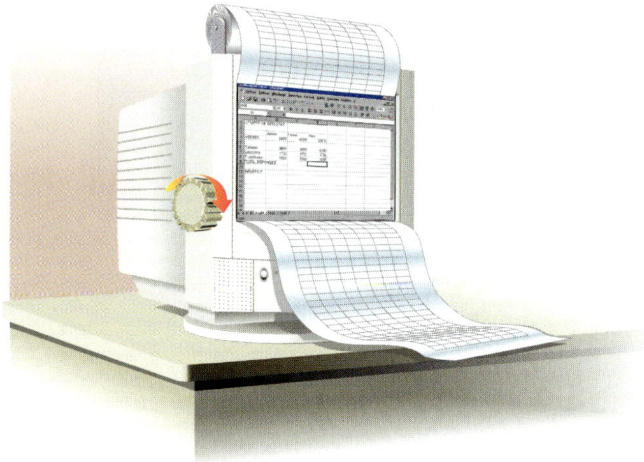

FAIRE DÉFILER VERS LE HAUT OU VERS LE BAS

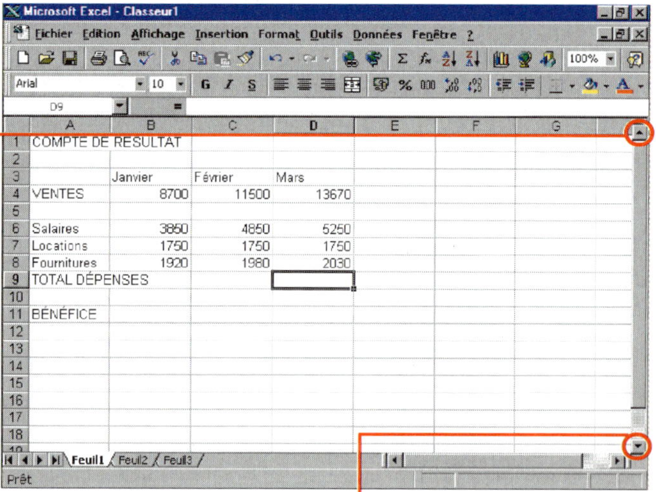

■ Pour remonter d'une ligne, cliquez sur [▲].

■ Pour descendre d'une ligne, cliquez sur [▼].

Si la quantité des données saisies excède la capacité d'affichage de l'écran, vous devez faire défiler la feuille de calcul afin d'en consulter d'autres parties.

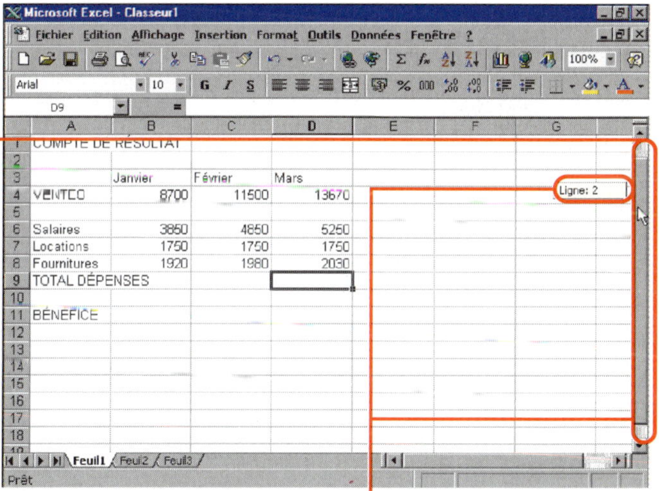

FAIRE DÉFILER RAPIDEMENT

1 Pour faire défiler rapidement la feuille de calcul vers une autre ligne, placez le pointeur sur le curseur de défilement.

2 Déplacez le pointeur verticalement le long de la barre de défilement jusqu'à ce que le numéro de la ligne à atteindre s'affiche.

FAIRE DÉFILER UNE FEUILLE DE CALCUL

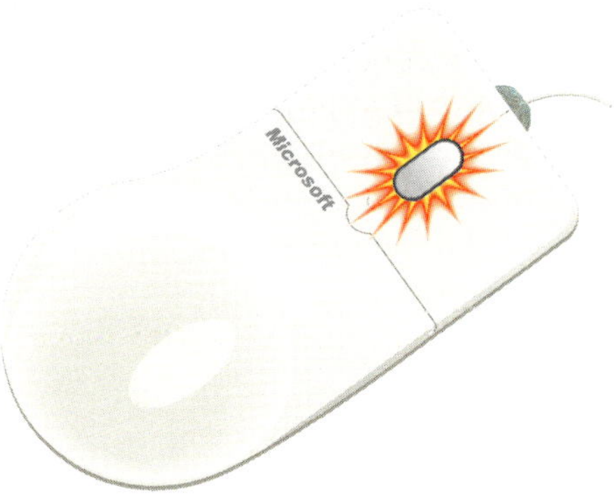

FAIRE DÉFILER VERS LA GAUCHE OU VERS LA DROITE

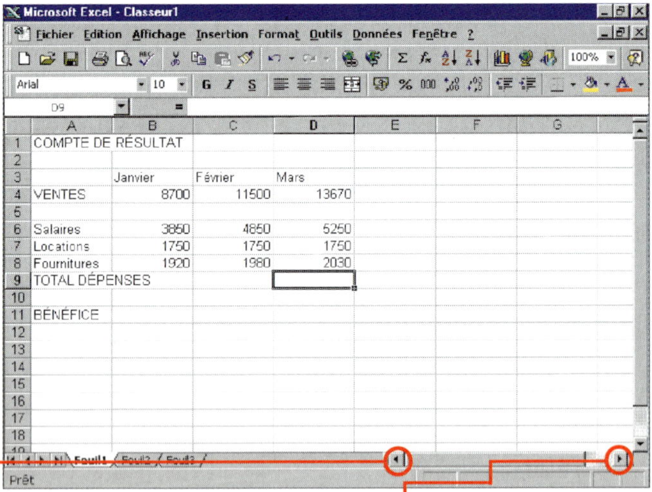

■ Pour vous déplacer d'une colonne vers la gauche, cliquez sur ◄.

■ Pour vous déplacer d'une colonne vers la droite, cliquez sur ►.

La souris IntelliMouse de Microsoft dispose d'une petite roulette située entre les deux boutons. En la faisant tourner, la feuille de calcul défile rapidement à l'écran.

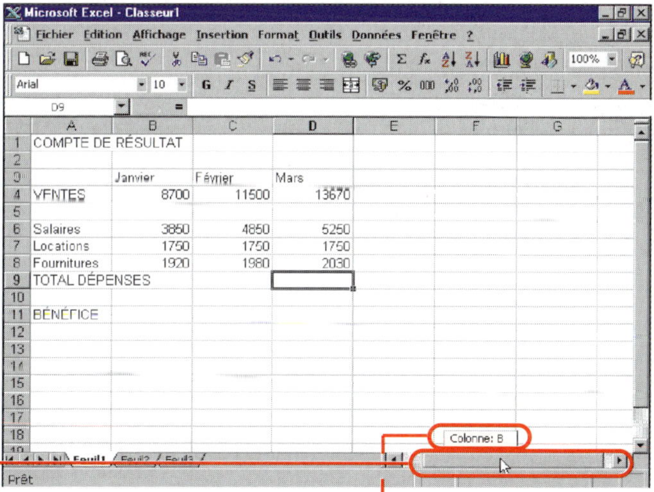

FAIRE DÉFILER RAPIDEMENT

1 Pour faire défiler rapidement la feuille de calcul vers une autre colonne, placez le pointeur sur le curseur de défilement.

2 Déplacez le pointeur horizontalement le long de la barre de défilement jusqu'à ce que la lettre de la colonne à atteindre s'affiche.

ZOOM AVANT OU ARRIÈRE

ZOOM AVANT OU ARRIÈRE

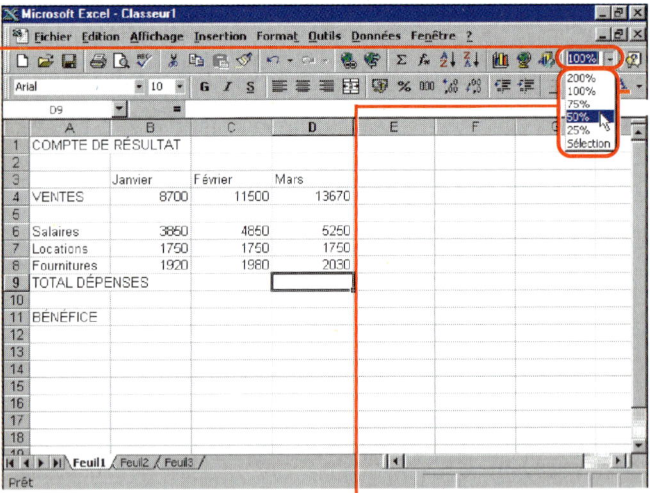

■ Lorsque vous démarrez Excel, la feuille de calcul s'affiche en taille de zoom de 100%.

1 Pour afficher la liste des différentes tailles de zoom, cliquez sur ▾.

2 Cliquez sur la taille de zoom désirée.

Excel vous permet d'agrandir ou de réduire les données affichées à l'écran.

Réduire ou agrandir la feuille de calcul à l'écran n'affectera pas son aspect lors de l'impression.

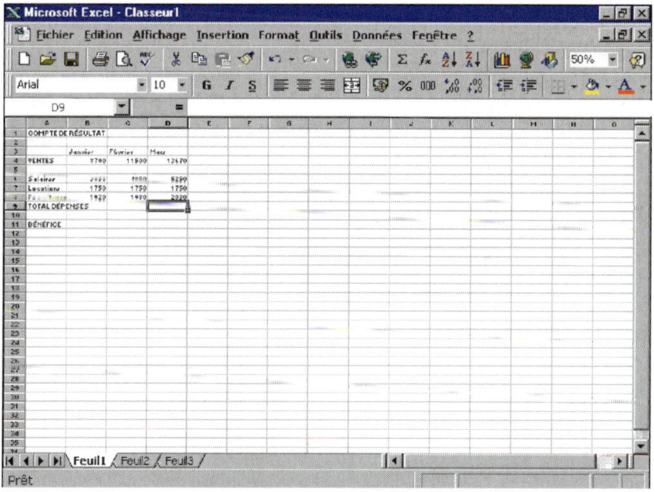

■ La feuille de calcul adopte alors la taille de zoom sélectionnée. Vous pouvez ensuite modifier votre feuille de calcul comme d'habitude.

■ Pour revenir à la taille de zoom d'origine, répétez les étapes **1** et **2**, en sélectionnant **100**% à l'étape **2**.

AFFICHER LES BARRES D'OUTILS

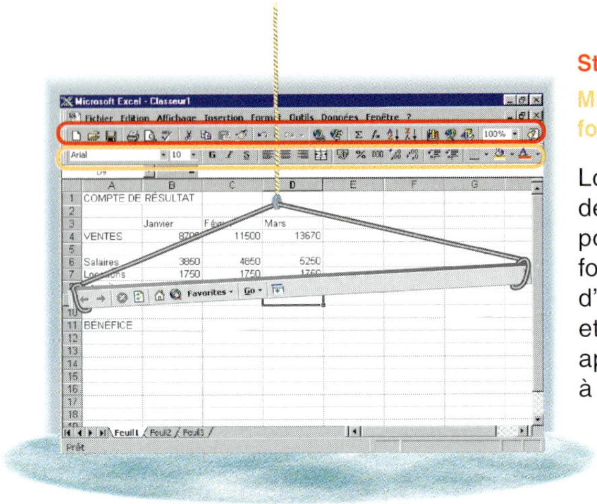

Standard

Mise en forme

Lorsque vous démarrez Excel pour la première fois, les barres d'outils **Standard** et **Mise en forme** apparaissent à l'écran.

AFFICHER LES BARRES D'OUTILS

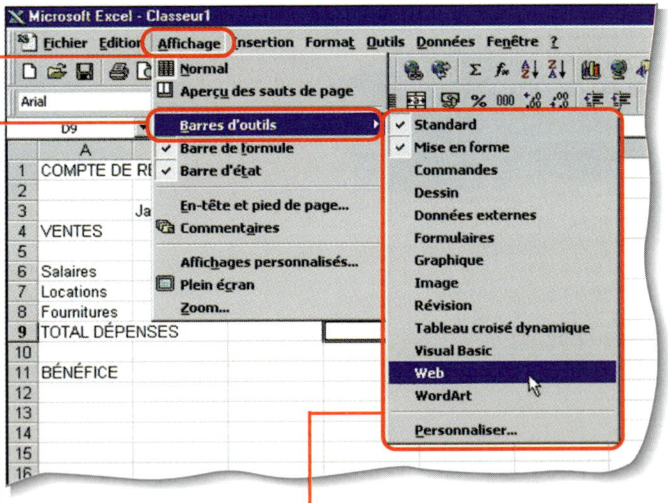

1 Pour afficher une liste de barres d'outils, cliquez sur **Affichage**.

2 Cliquez sur **Barres d'outils**.

■ Un petit signe (✓) précédant le nom d'une barre d'outils indique que cette barre est actuellement affichée à l'écran.

3 Cliquez sur le nom de la barre d'outils à afficher ou à dissimuler.

Excel propose différentes barres d'outils que vous pouvez afficher ou dissimuler à tout moment. Chacune d'entre elles est constituée d'une série de boutons permettant de sélectionner rapidement les commandes fréquemment utilisées.

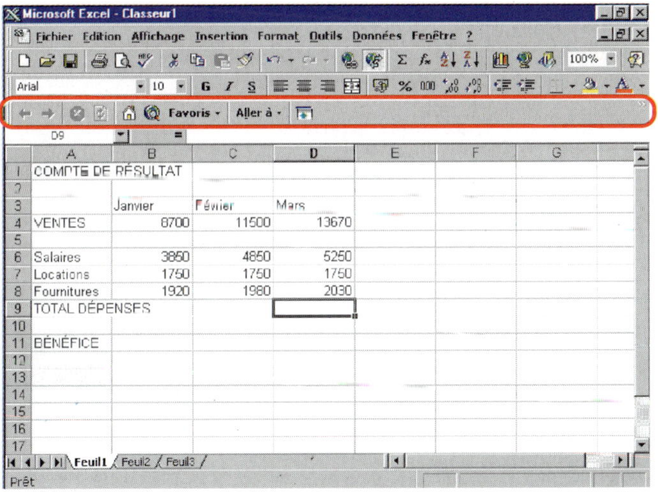

■ Excel affiche ou dissimule la barre d'outils selon votre sélection.

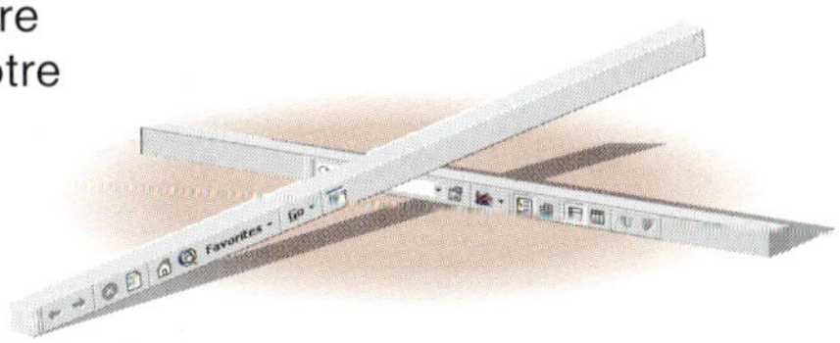

OBTENIR DE L'AIDE

OBTENIR DE L'AIDE (AVEC LE COMPAGNON OFFICE)

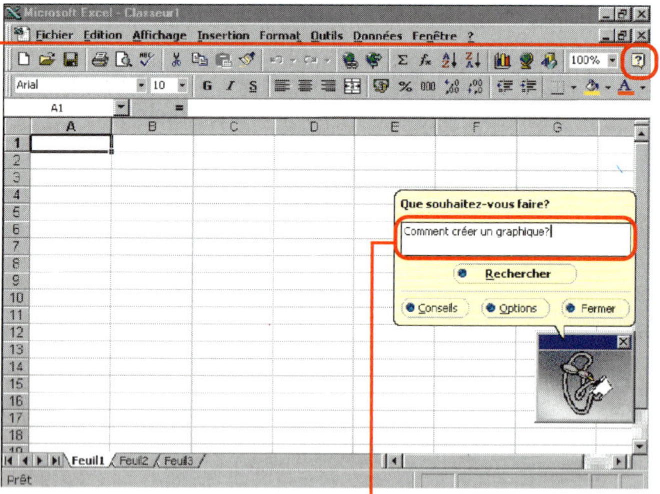

1 Pour afficher le Compagnon Office, cliquez sur [?].

2 Saisissez ensuite votre question et appuyez sur la touche Entrée du clavier.

Si vous ne savez pas de quelle manière exécuter une tâche, vous pouvez faire appel au Compagnon Office qui vous fournira de l'aide.

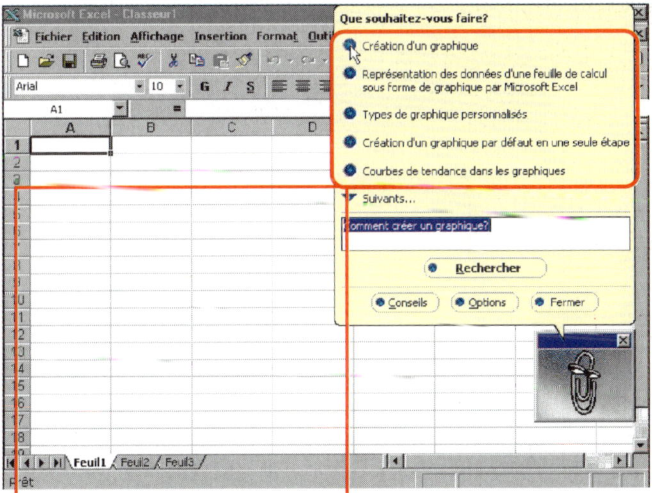

■ Le Compagnon Office propose alors une liste de rubriques d'aide en rapport avec le sujet de votre question.

3 Cliquez sur sur la rubrique d'aide qui vous intéresse.

Note. Si aucune des rubriques d'aide affichées ne vous convient, reformulez votre question : saisissez-la à nouveau et appuyez sur la touche Entrée .

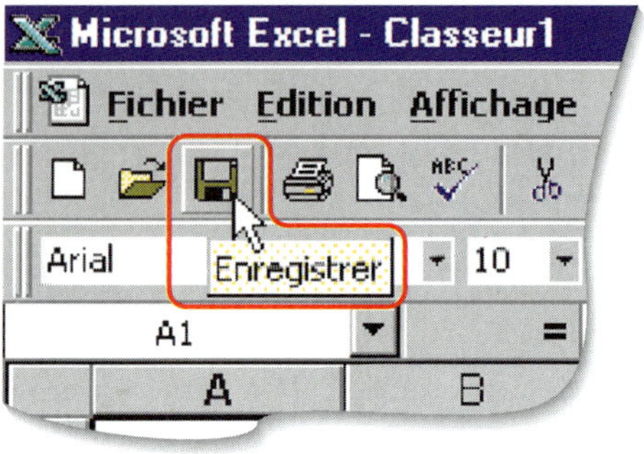

OBTENIR DE L'AIDE (AVEC LE COMPAGNON OFFICE)

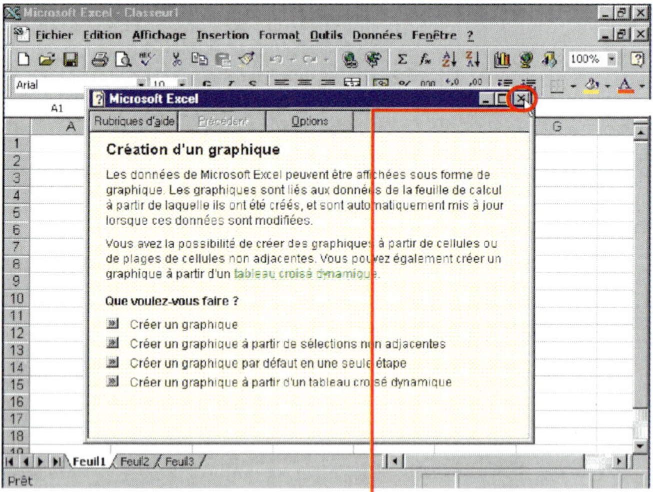

■ La Fenêtre d'Aide apparaît, affichant toutes les informations concernant la rubrique sélectionnée.

4 Une fois les informations lues, cliquez sur ☒ pour fermer la fenêtre d'aide.

Pour afficher la fonction de chaque bouton de la barre d'outils, il vous suffit de placer le pointeur sur le bouton choisi. Après quelques instants, la fonction effectuée par ce bouton s'affiche sous le pointeur.

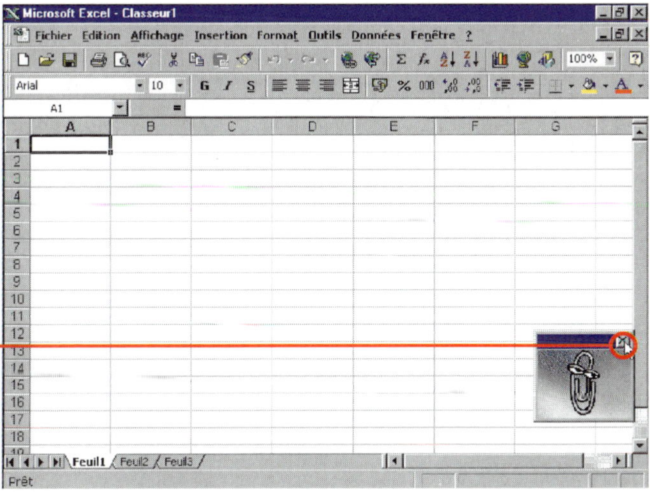

5 Pour fermer le Compagnon Office, cliquez sur ☒.

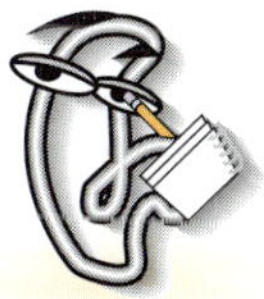

ENREGISTRER UN CLASSEUR

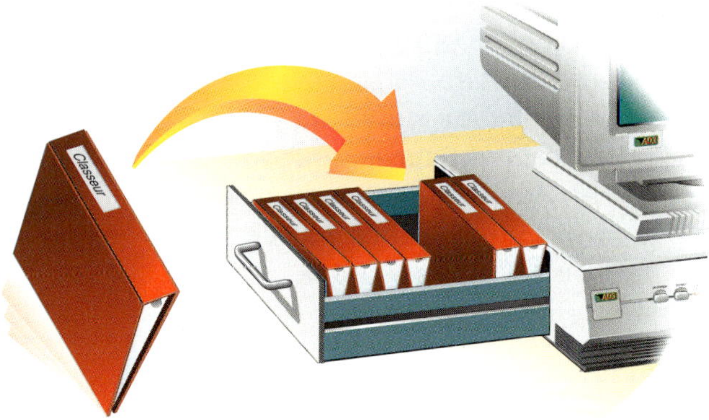

ENREGISTRER UN CLASSEUR

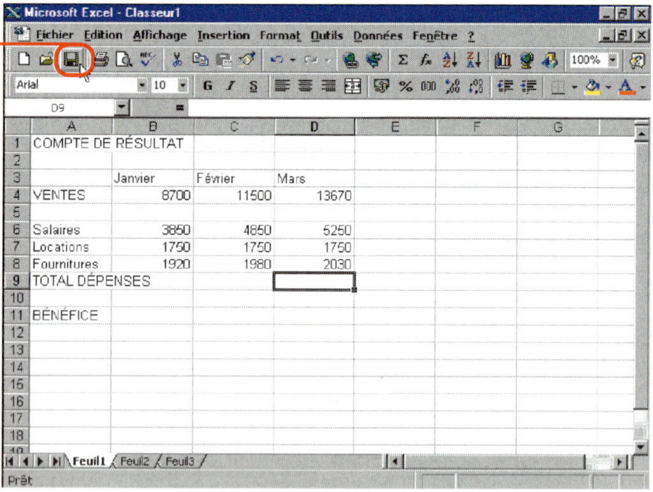

1 Cliquez sur 💾.

■ La boîte de dialogue **Enregistrer sous** apparaît.

Note. Si vous avez enregistré votre document précédemment, la boîte de dialogue ***Enregistrer sous*** *n'apparaît plus puisque le document possède déjà un nom.*

Vous devez enregistrer un classeur si vous souhaitez l'utiliser ultérieurement. Vous pourrez ainsi le consulter à nouveau et y apporter des modifications.

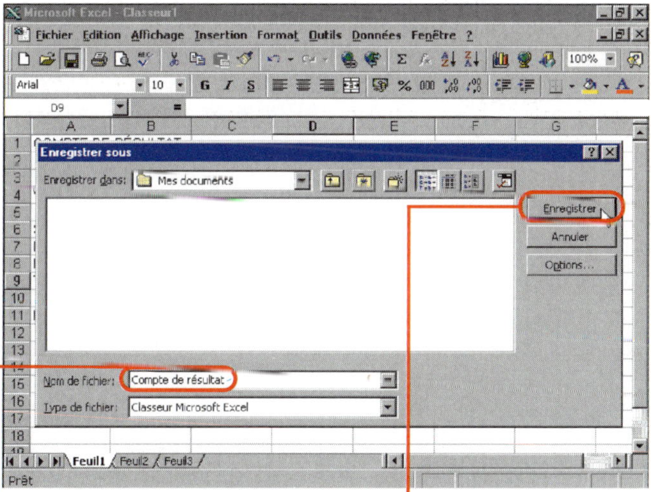

2 Saisissez ensuite un nom pour votre classeur.

Note. Vous pouvez utiliser jusqu'à 218 caractères, espaces inclus, pour nommer un classeur.

3 Cliquez sur **Enregistrer**.

ENREGISTRER UN CLASSEUR

Un fichier Excel est appelé un classeur. Chaque classeur comprend plusieurs feuilles de calcul. On peut comparer un classeur Excel à un classeur à anneaux contenant plusieurs feuilles de papier.

ENREGISTRER UN CLASSEUR (SUITE)

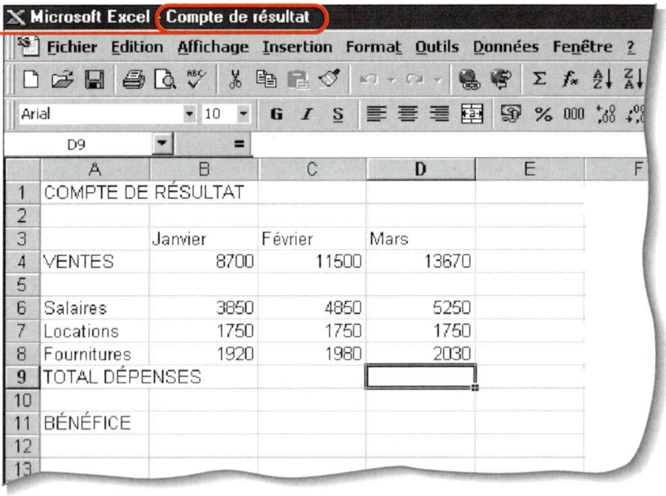

■ Excel enregistre le classeur et affiche son nom dans la partie supérieure de l'écran.

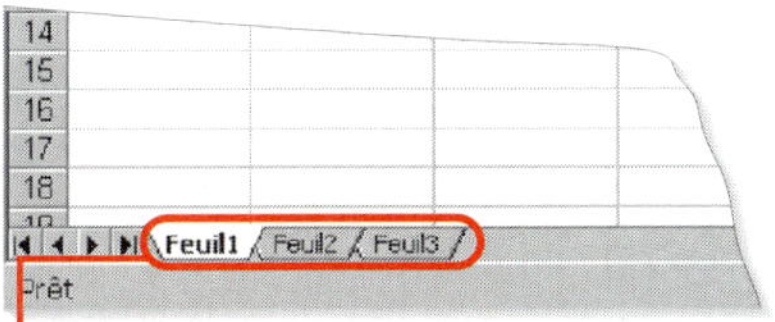

■ Pour chacune des feuilles de calcul, Excel affiche un onglet.

Note. Pour utiliser plusieurs feuilles de calcul dans un classeur, reportez-vous à la page 172.

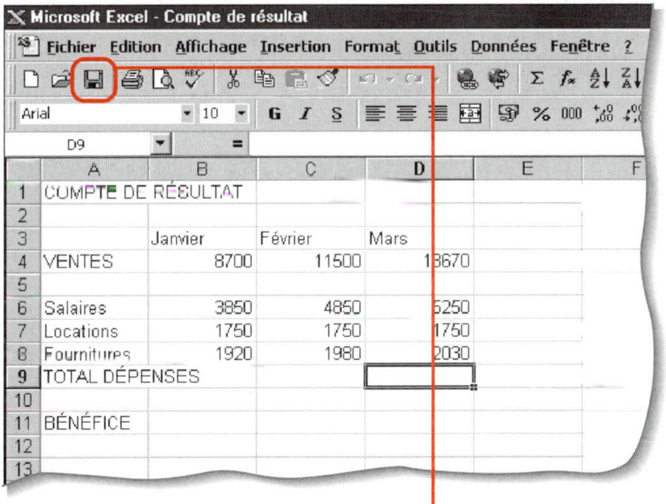

ENREGISTRER LES MODIFICATIONS

Pour éviter de perdre accidentellement votre travail, enregistrez régulièrement les modifications que vous apportez à un classeur.

1 Pour cela, cliquez sur 💾.

CRÉER UN NOUVEAU CLASSEUR

CRÉER UN NOUVEAU CLASSEUR

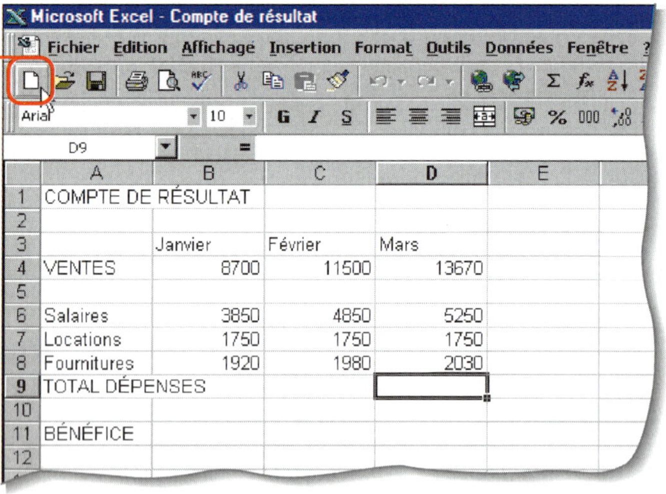

1 Cliquez sur 🗋.

Vous pouvez aisément créer un nouveau classeur pour stocker des données supplémentaires.

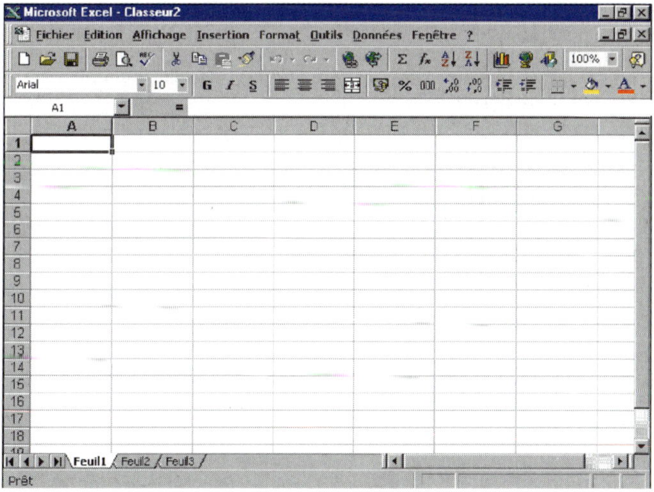

Un nouveau classeur apparaît alors, dissimulant le précédent.

PASSER D'UN CLASSEUR À UN AUTRE

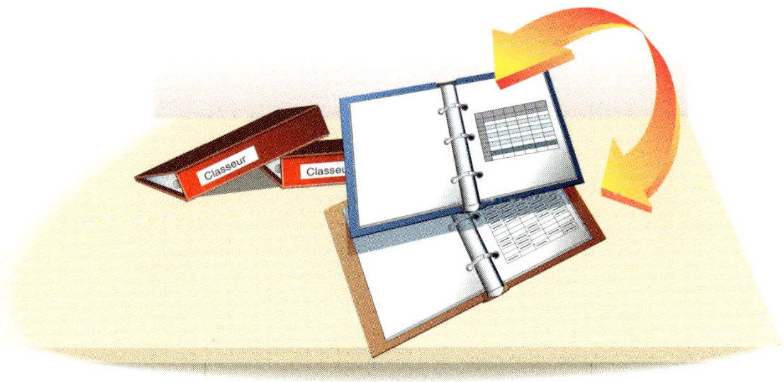

PASSER D'UN CLASSEUR À UN AUTRE

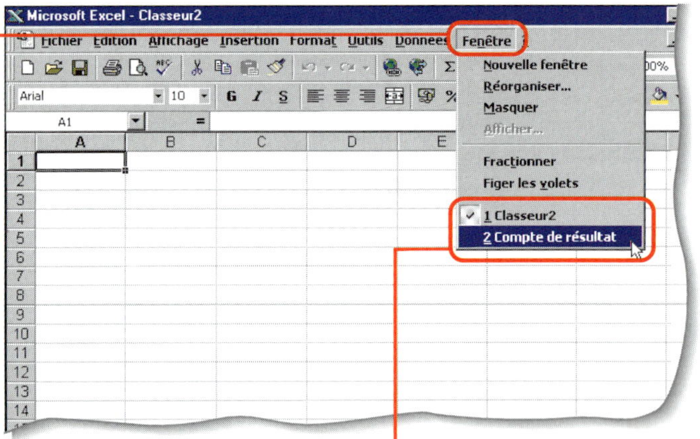

1 Pour afficher la liste de tous les classeurs ouverts, cliquez sur **Fenêtre**.

2 Cliquez sur le classeur à afficher.

Excel permet d'ouvrir plusieurs classeurs à la fois. Vous pouvez ainsi passer aisément de l'un à l'autre.

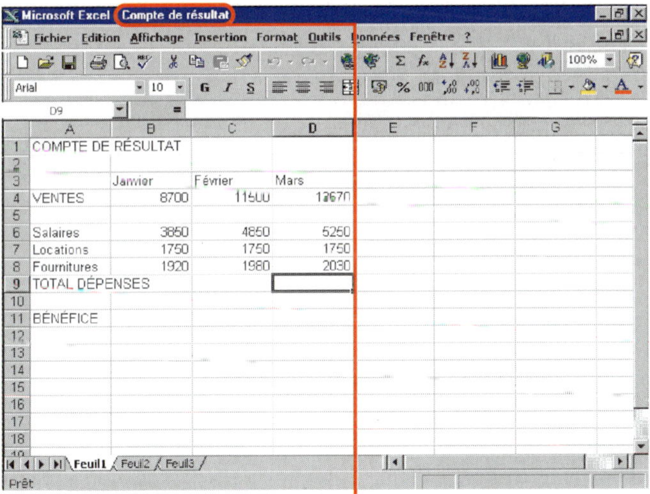

■ Le classeur apparaît alors.

■ Excel affiche son nom dans la partie supérieure de l'écran.

FERMER UN CLASSEUR

FERMER UN CLASSEUR

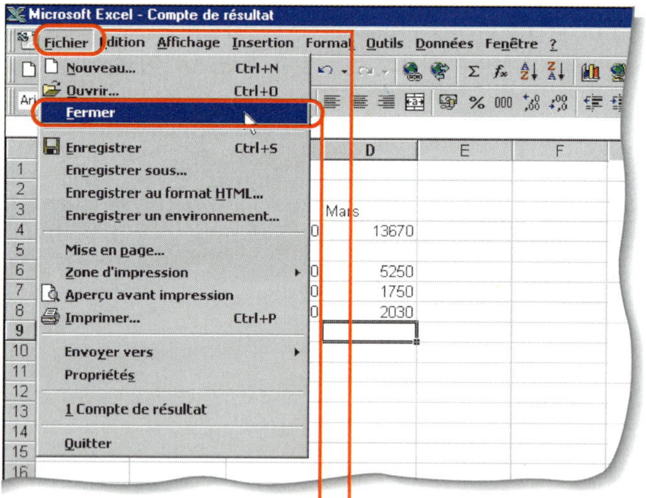

■ Pour enregistrer un classeur avant de le fermer, reportez-vous à la page 36.

1 Pour fermer le classeur, cliquez sur **Fichier**.

2 Cliquez sur **Fermer**.

Lorsque vous avez terminé d'utiliser un classeur, vous pouvez le fermer afin de le faire disparaître de l'écran.

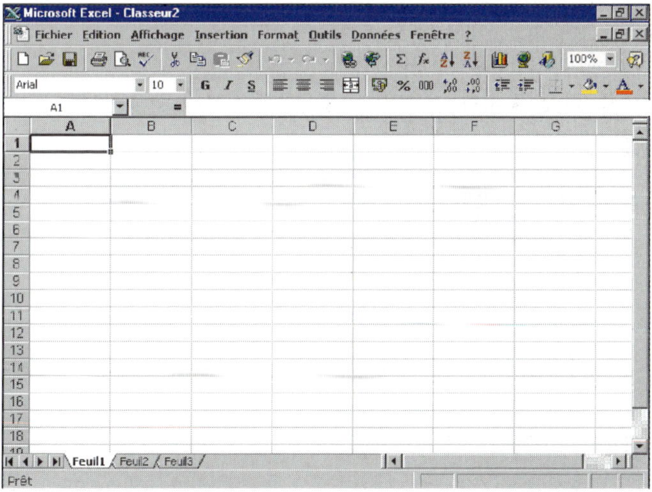

■ Excel fait disparaître le classeur de l'écran.

■ Si vous aviez ouvert plusieurs classeurs, l'avant dernier des classeurs avec lesquels vous avez travaillé apparaît alors à l'écran.

QUITTER EXCEL

QUITTER EXCEL

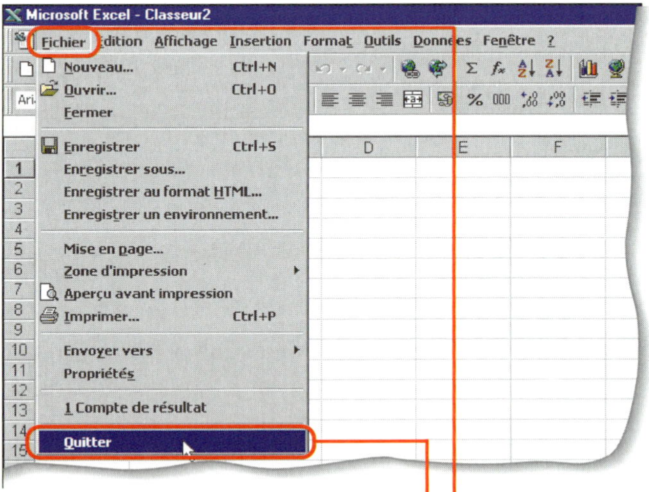

■ Avant de fermer Excel, enregistrez tous les classeurs ouverts. Pour ce faire, reportez-vous à la page 36.

1 Cliquez sur **Fichier**.

2 Cliquez sur **Quitter**.

Lorsque vous avez terminé de travailler avec Excel, vous pouvez quitter le programme.

Il est préférable de toujours fermer les programmes lancés avant d'éteindre l'ordinateur.

■ La fenêtre Excel disparaît alors de l'écran.

Note. Pour redémarrer Excel, reportez-vous à la page 6.

OUVRIR UN CLASSEUR

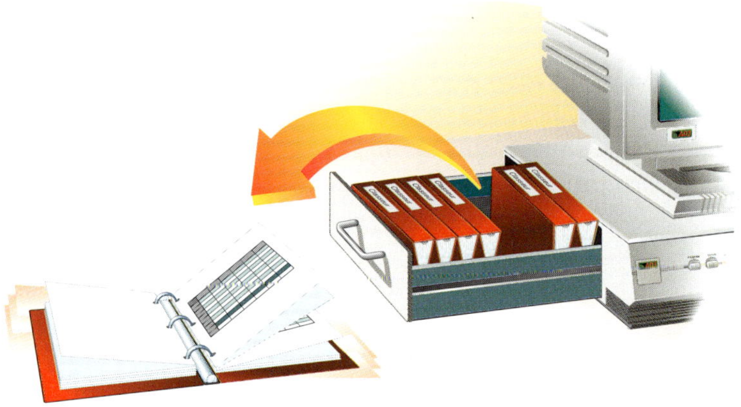

OUVRIR UN CLASSEUR

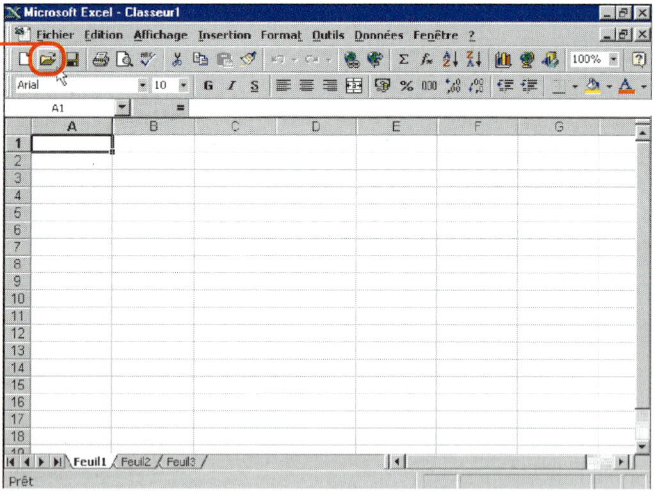

1 Cliquez sur .

■ La boîte de dialogue **Ouvrir** apparaît.

Vous pouvez ouvrir un classeur déjà enregistré et l'afficher à l'écran. Puis le consulter ou y apporter des modifications.

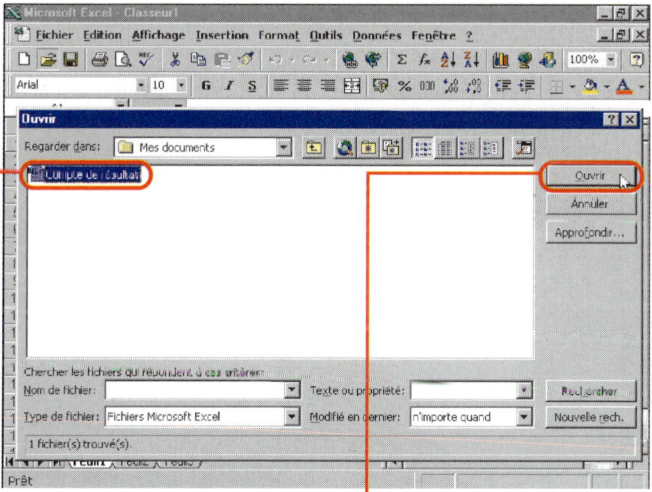

2 Cliquez sur le nom du classeur à ouvrir.

3 Pour ouvrir le classeur, cliquez sur **Ouvrir**.

OUVRIR UN CLASSEUR

OUVRIR UN CLASSEUR (SUITE)

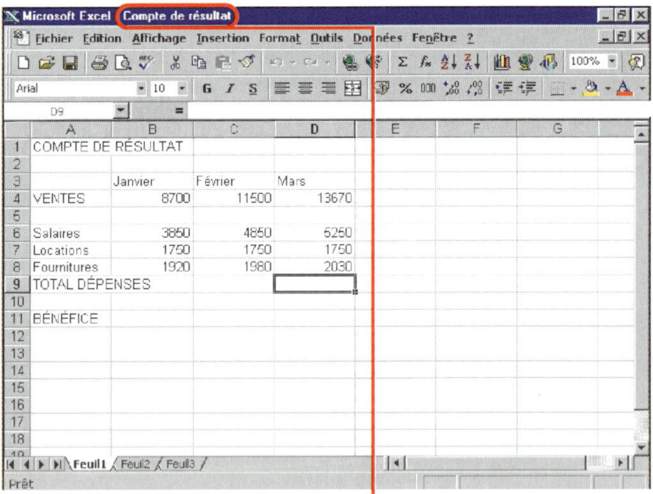

■ Excel ouvre alors le classeur et l'affiche à l'écran. Vous pouvez donc le consulter ou y apporter des modifications.

■ Le nom du classeur apparaît dans la partie supérieure de l'écran.

Excel mémorise les noms des quatre derniers fichiers ouverts. Ainsi, vous pouvez ouvrir rapidement n'importe lequel de ces classeurs.

OUVRIR RAPIDEMENT UN CLASSEUR

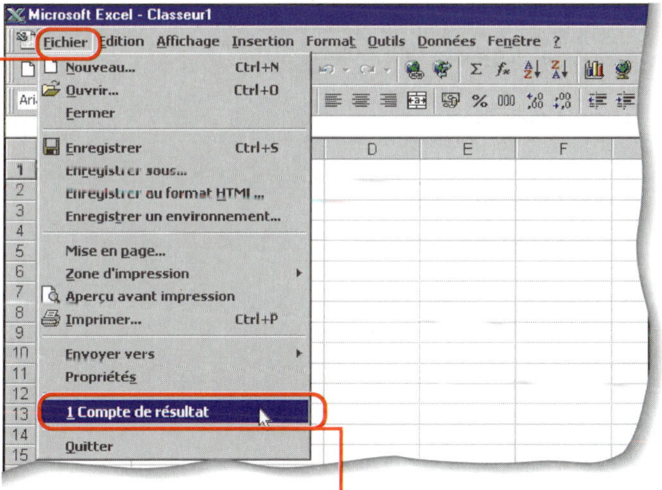

1 Cliquez sur **Fichier**.

2 Cliquez sur le nom du classeur à ouvrir.

MODIFIER UNE FEUILLE DE CALCUL

MODIFIER DES DONNÉES

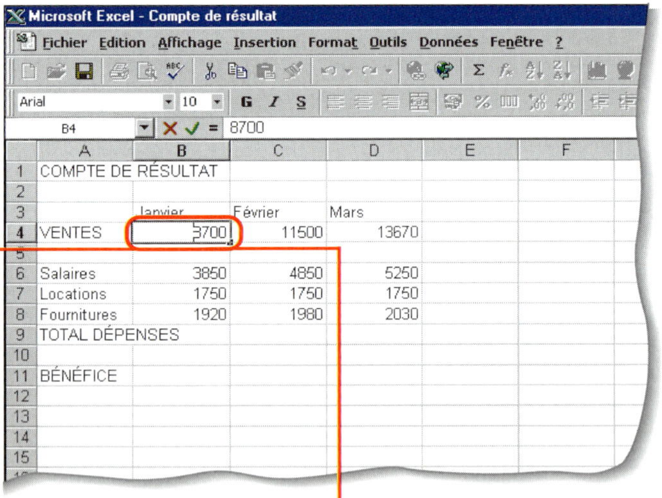

1 Double-cliquez sur la cellule contenant les données à modifier.

■ Un point d'insertion clignotant apparaît alors dans la cellule.

Après avoir saisi des données dans une feuille de calcul, vous pouvez corriger une faute de frappe ou mettre à jour les données.

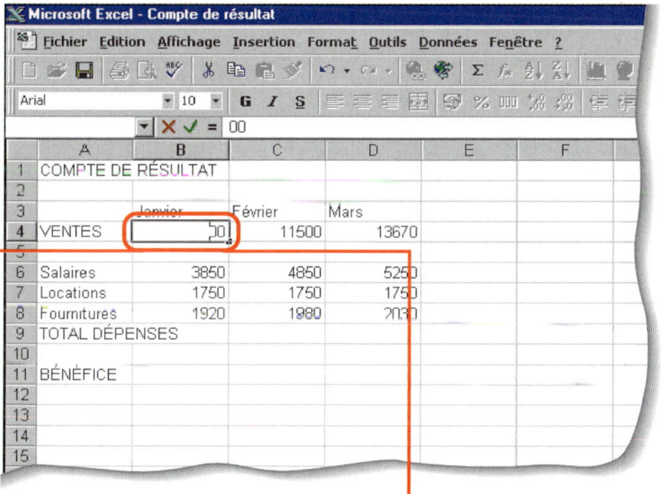

2 Appuyez sur les touches ← ou → pour déplacer le point d'insertion à l'endroit où vous souhaitez ajouter ou supprimer des caractères.

3 Pour supprimer un caractère situé à gauche du point d'insertion, appuyez sur la touche ⟵ .

unpeu → un peu
comande → commande
aujourdhui → aujourd'hui
vesr → vers
occurence → occurrence
recevior → recevoir
telephone → téléphone

MODIFIER DES DONNÉES (SUITE)

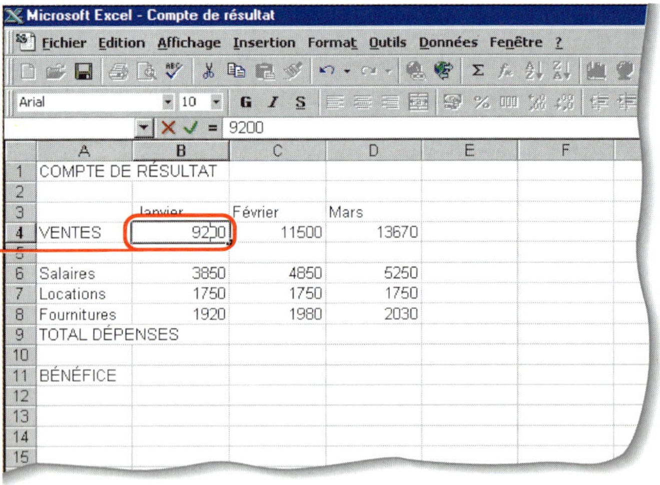

4 Pour insérer des données à l'endroit où clignote le point d'insertion, il vous suffit de les saisir.

5 Lorsque vous avez terminé les modifications, appuyez sur la touche Entrée .

Excel corrige automatiquement les erreurs orthographiques courantes commises lors de la saisie.

REMPLACER DES DONNÉES

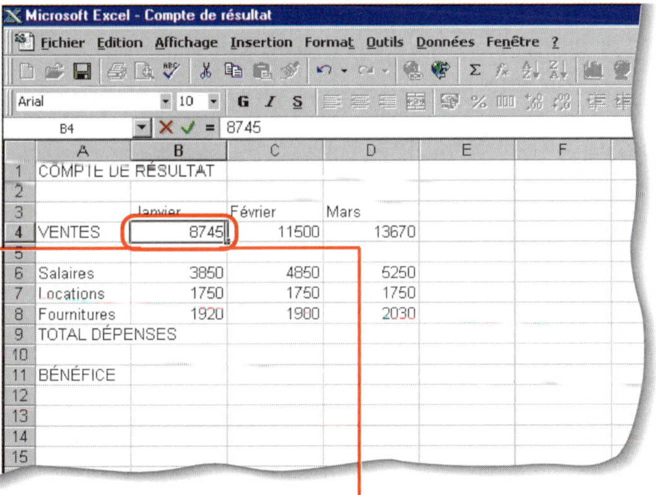

1 Cliquez sur la cellule contenant les données à remplacer.

2 Saisissez ensuite les nouvelles données, puis appuyez sur la touche Entrée .

SUPPRIMER DES DONNÉES

SUPPRIMER DES DONNÉES

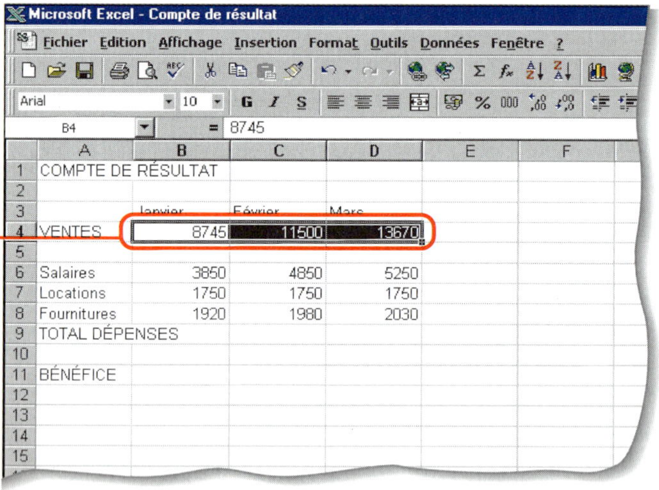

1 Sélectionnez la (les) cellule(s) contenant les données à supprimer. Pour sélectionner des cellules, reportez-vous à la page 20.

Vous pouvez aisément supprimer des données dont vous n'avez plus besoin dans une feuille de calcul.

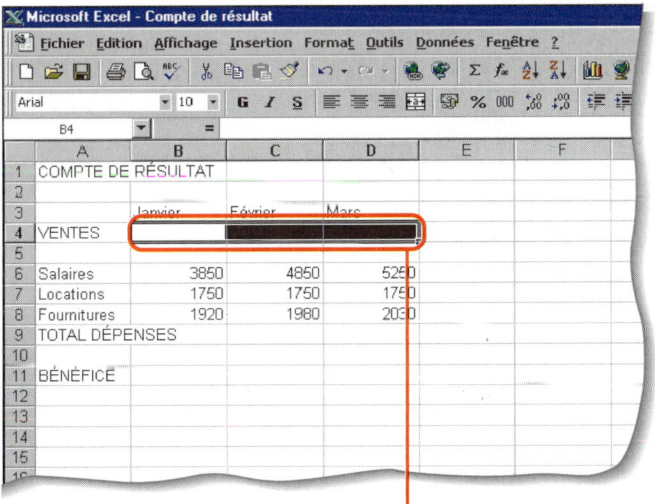

2 Appuyez ensuite sur la touche Suppr .

■ Les données des cellules sélectionnées disparaissent alors.

ANNULER LA DERNIÈRE MODIFICATION

ANNULER LA DERNIÈRE MODIFICATION

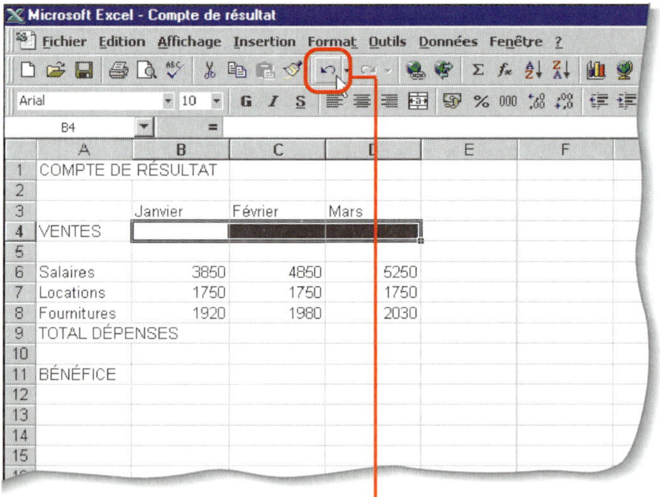

Attention : l'option Annuler peut effacer des modifications importantes.

1 Pour annuler la dernière modification, cliquez sur ↶.

Excel mémorise toutes les modifications apportées à une feuille de calcul. Si vous avez des regrets, vous pouvez toujours les annuler.

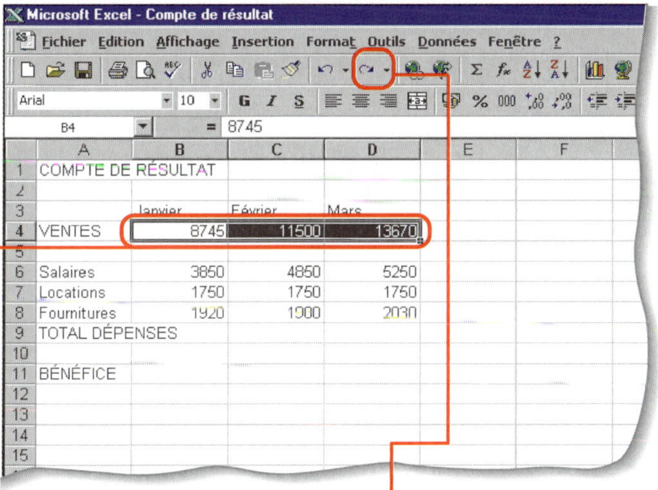

■ Excel annule alors la dernière modification apportée à la feuille de calcul.

■ Pour annuler les modifications précédentes, répétez l'étape **1**.

■ Pour rétablir les données telles qu'elles apparaissaient avant d'utiliser l'option Annuler, cliquez sur .

DÉPLACER DES DONNÉES

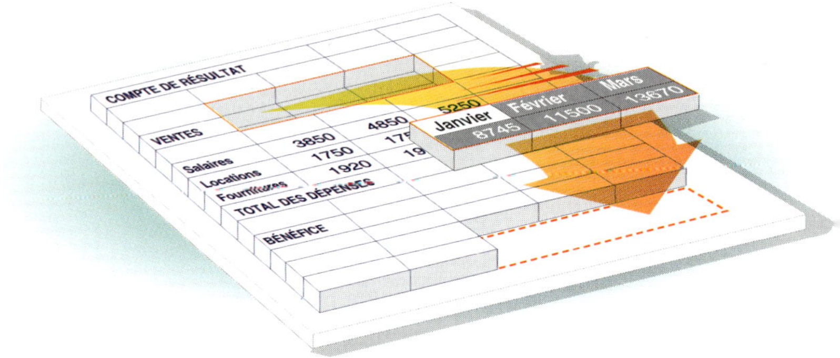

DÉPLACER DES DONNÉES

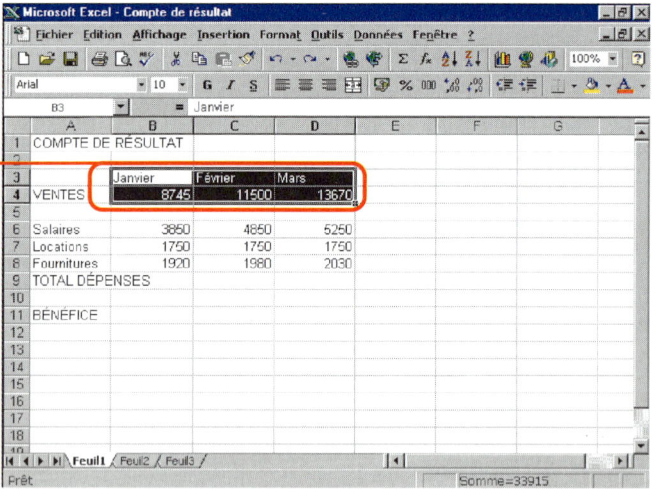

1 Sélectionnez d'abord les cellules contenant les données à déplacer. Pour sélectionner des cellules, reportez-vous à la page 20.

Vous pouvez réorganiser une feuille de calcul en déplaçant des données d'un endroit à un autre.

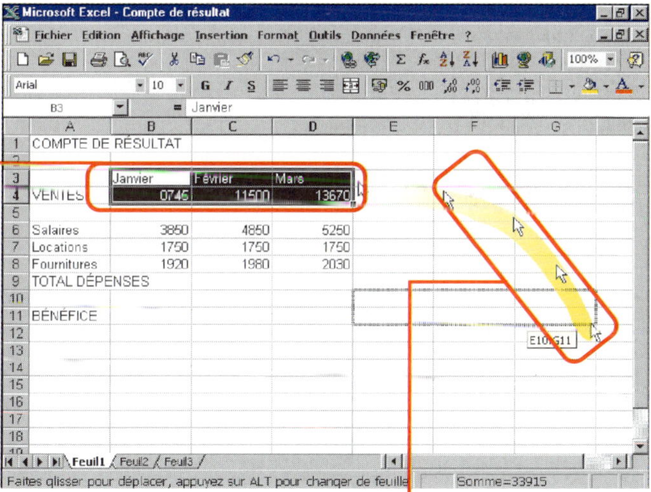

2 Placez ensuite le pointeur ✥ sur une bordure des cellules sélectionnées (le pointeur ✥ devient ↖).

3 Déplacez le pointeur ↖ à l'endroit où vous désirez voir apparaître les données.

Ce message peut apparaître lorsque vous tentez de déplacer des données vers un endroit contenant déjà d'autres données.

DÉPLACER DES DONNÉES (SUITE)

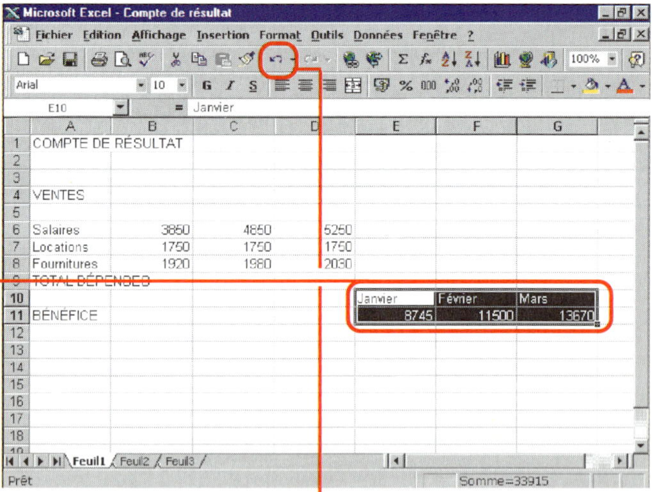

■ Les données se positionnent sur le nouvel emplacement.

ANNULER LE DÉPLACEMENT

■ Pour que les données retrouvent immédiatement leur emplacement d'origine, cliquez sur .

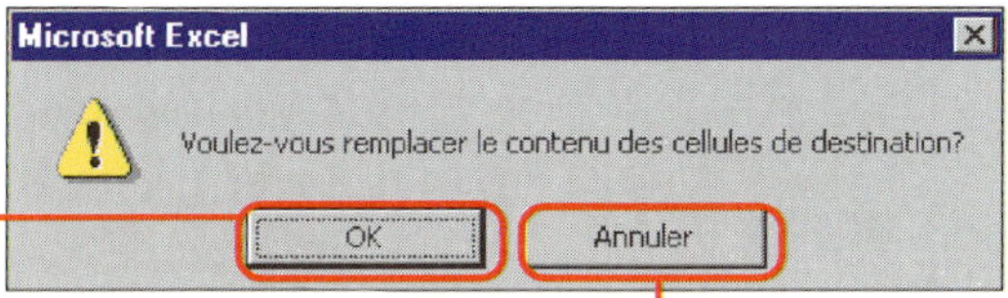

■ Pour que les données retrouvent immédiatement leur emplacement d'origine, cliquez sur **OK**.

■ Pour annuler le déplacement, cliquez sur **Annuler**.

COUPER ET COLLER

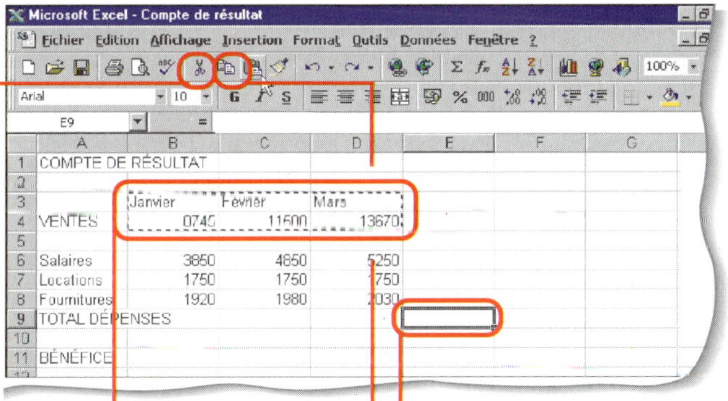

1 Sélectionnez les cellules contenant les données à déplacer. Pour sélectionner des cellules, reportez-vous à la page 20.

2 Cliquez sur ✂.

3 Cliquez sur la cellule où vous désirez intégrer les données. Cette cellule détermine l'extrémité supérieure du nouvel emplacement.

4 Cliquez sur le bouton Coller. Les données apparaîtront à l'endroit choisi.

COPIER DES DONNÉES

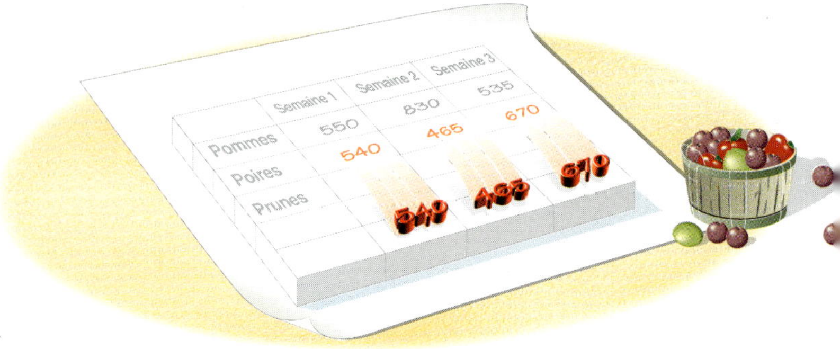

COPIER DES DONNÉES

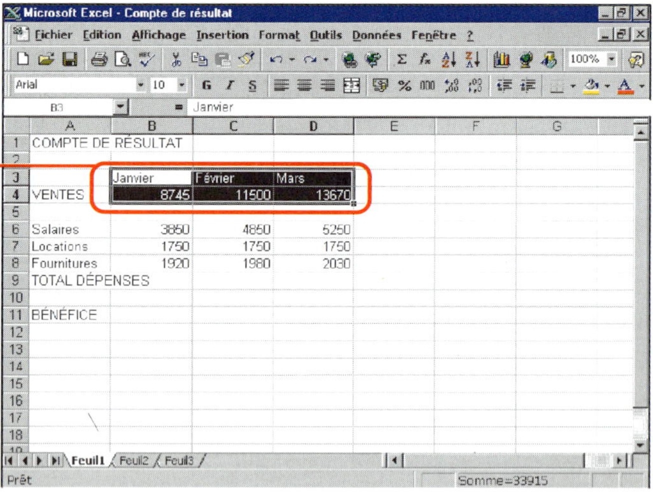

1 Sélectionnez d'abord les cellules contenant les données à copier. Pour sélectionner des cellules, reportez-vous à la page 20.

Vous pouvez copier des données pour les reproduire ailleurs dans la feuille de calcul. Vous gagnerez ainsi du temps, puisque vous n'aurez pas à les saisir à nouveau.

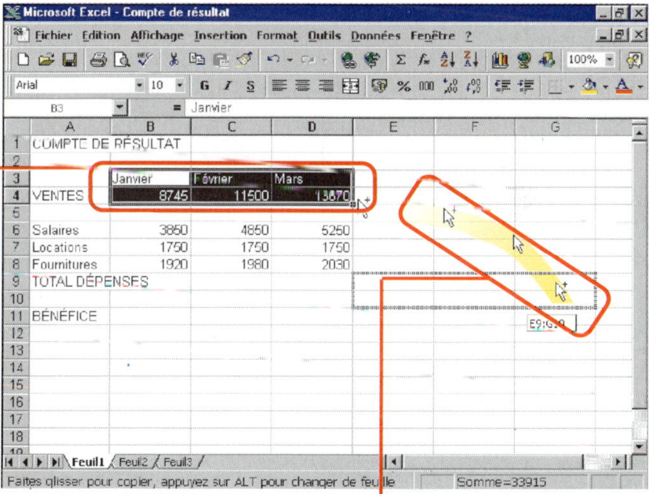

2 Placez le pointeur sur sur une bordure des cellules sélectionnées (le pointeur devient).

3 Tout en maintenant enfoncée la touche **Ctrl**, déplacez le pointeur à l'endroit où vous désirez voir apparaître la copie.

COPIER DES DONNÉES

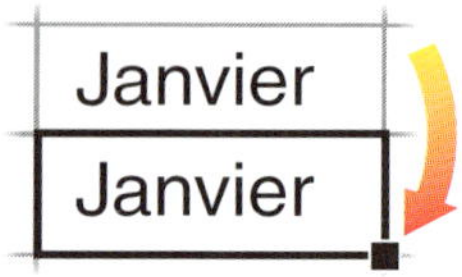

COPIER DES DONNÉES (SUITE)

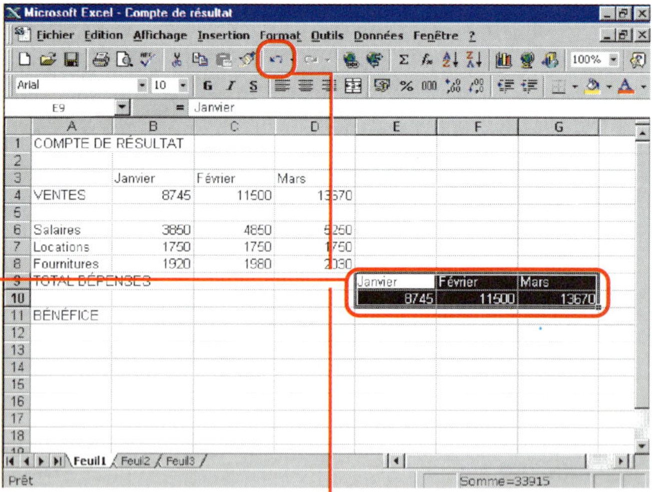

■ Une copie des données apparaît alors à l'endroit choisi.

ANNULER LA COPIE

■ Pour annuler immédiatement la copie, cliquez sur [bouton Annuler].

■ Pour copier rapidement le contenu de la cellule située au-dessus de la cellule active, maintenez enfoncée la touche Ctrl tout en appuyant sur la touche D

■ Pour copier rapidement le contenu de la cellule située à gauche de la cellule active, maintenez enfoncée la touche Ctrl tout en appuyant sur la touche R .

COPIER ET COLLER

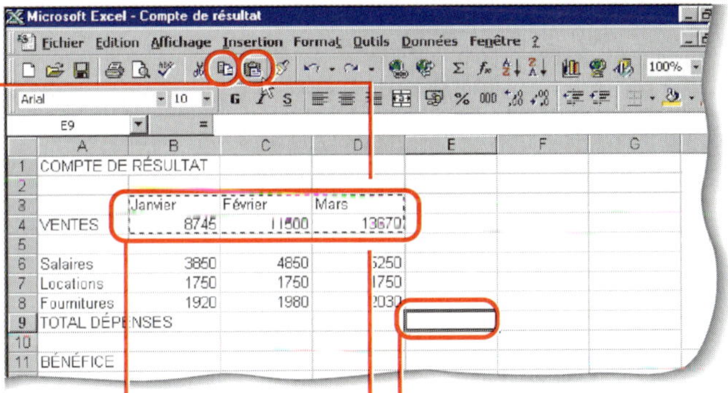

1 Sélectionnez les cellules contenant les données à copier. Pour sélectionner des cellules, reportez-vous à la page 20.

2 Cliquez sur [icône Copier].

3 Cliquez sur sur la cellule où vous souhaitez voir apparaître les données. Cette cellule sera l'extrémité supérieure du nouvel emplacement.

4 Cliquez sur [icône Coller]. Une copie des données apparaît alors à l'endroit choisi.

INSÉRER UNE LIGNE OU UNE COLONNE

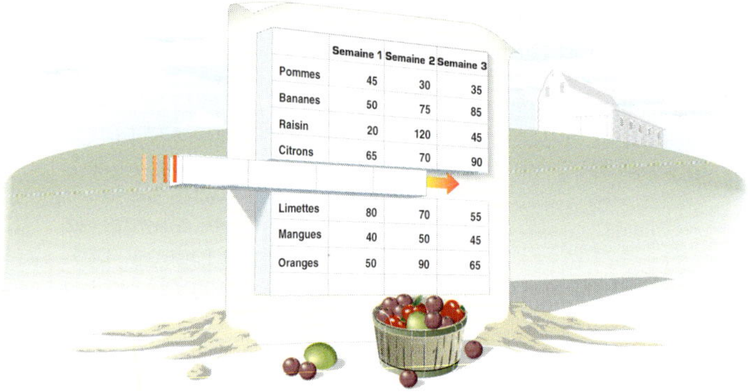

INSÉRER UNE LIGNE

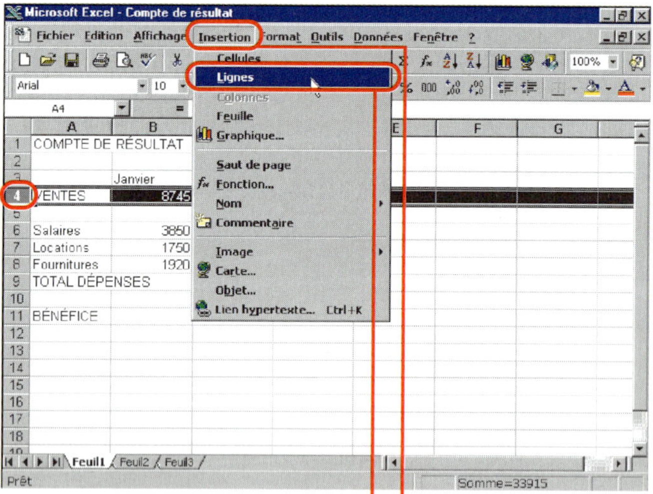

Excel positionnera la nouvelle ligne à gauche de la colonne sélectionnée.

1 Pour sélectionner une ligne, cliquez sur son numéro.

2 Cliquez sur **Insertion**.

3 Cliquez sur **Lignes**.

Vous pouvez insérer une nouvelle ligne ou une nouvelle colonne dans une feuille de calcul, lorsque vous souhaitez y ajouter des données.

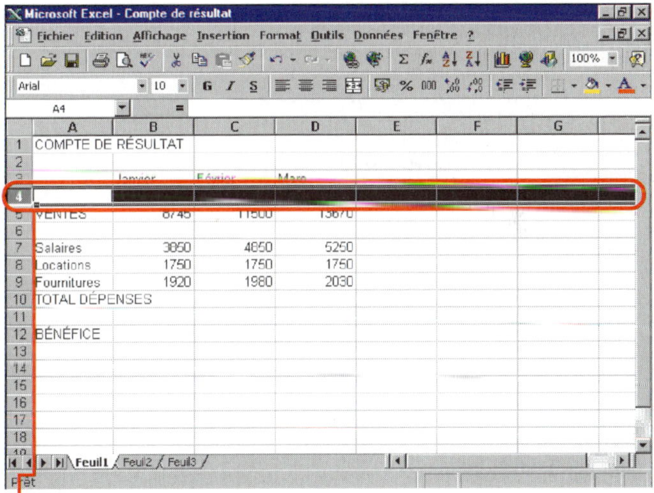

■ La nouvelle ligne apparaît et les lignes suivantes se déplacent vers le bas.

INSÉRER UNE LIGNE OU UNE COLONNE

Lorsque vous insérez une ligne ou une colonne, Excel modifie automatiquement les formules affectées par l'insertion.

Note. Pour toute information sur les formules, reportez-vous à la page 76.

INSÉRER UNE COLONNE

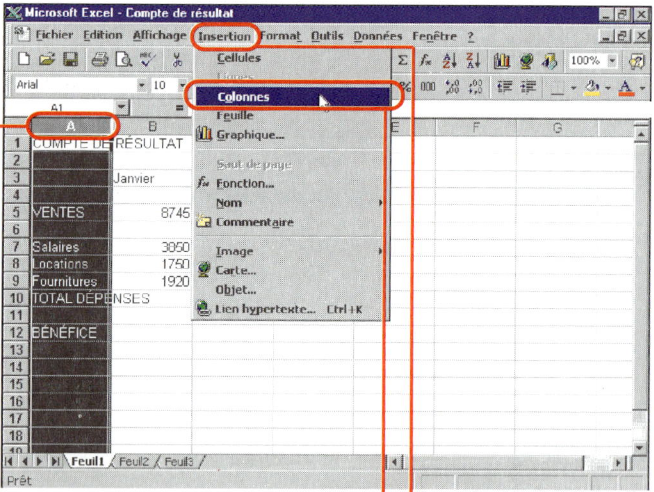

Excel positionnera la nouvelle colonne à gauche de la colonne sélectionnée.

1 Pour sélectionner une colonne, cliquez sur sa lettre.

2 Cliquez sur **Insertion**.

3 Cliquez sur **Colonnes**.

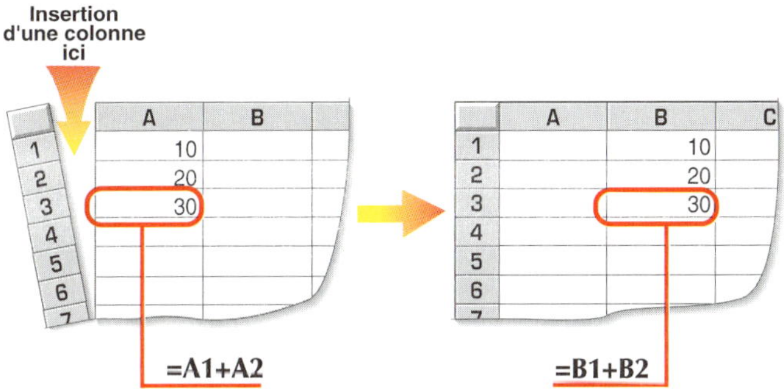

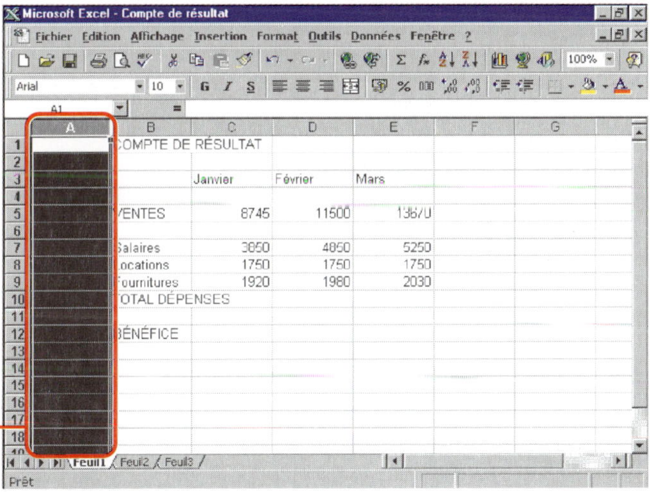

La nouvelle colonne apparaît et les colonnes suivantes se déplacent vers la droite.

SUPPRIMER UNE LIGNE OU UNE COLONNE

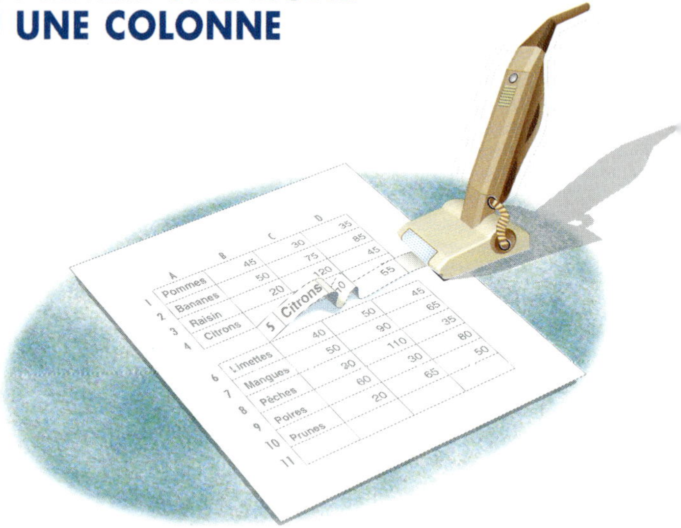

SUPPRIMER UNE LIGNE

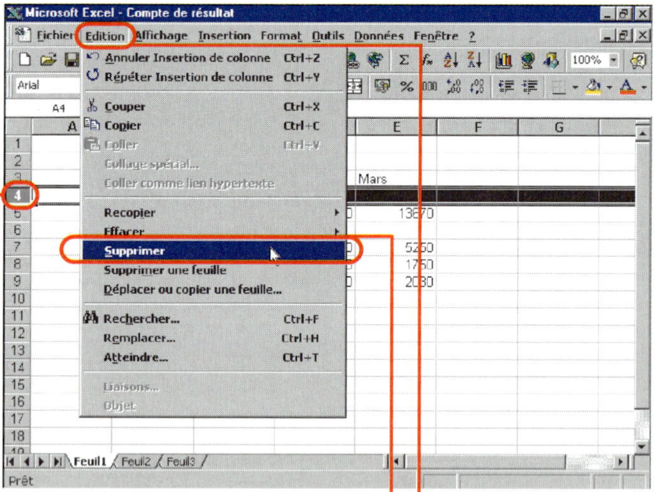

1 Pour sélectionner la ligne à supprimer, cliquez sur son numéro.

2 Cliquez sur **Edition**.

3 Cliquez sur **Supprimer**.

Dans une feuille de calcul, vous pouvez supprimer une ligne ou une colonne dont vous n'avez plus besoin.

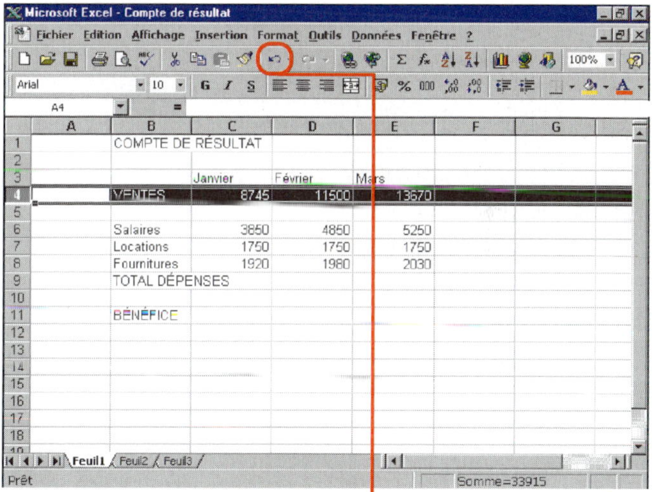

■ La ligne disparaît alors et les lignes suivantes se déplacent vers le haut.

■ Pour rétablir immédiatement la ligne dans la feuille de calcul, cliquez sur .

SUPPRIMER UNE LIGNE OU UNE COLONNE

SUPPRIMER UNE COLONNE

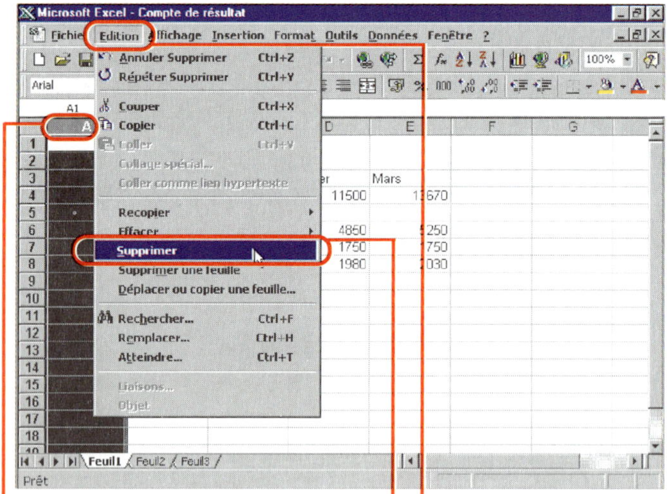

1 Pour sélectionner la colonne à supprimer, cliquez sur sa lettre.

2 Cliquez sur **Edition**.

3 Cliquez sur **Supprimer**.

Le message " #REF! " apparaît dans une cellule de la feuille de calcul pour indiquer que vous avez supprimé des données indispensables aux calculs d'une formule.

Note. Pour toute information sur les formules, reportez-vous à la page 76.

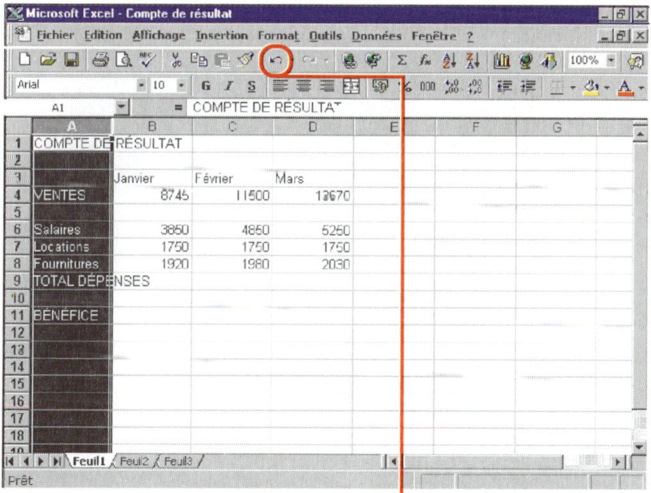

■ La colonne disparaît alors de l'écran et les colonnes suivantes se déplacent vers la gauche.

■ Pour rétablir immédiatement la colonne dans la feuille de calcul, cliquez sur ↶.

INTRODUCTION AUX FORMULES

INTRODUCTION AUX FORMULES

Ordre de calcul

Excel exécute les calculs dans l'ordre suivant :

1 Exposants (^)

2 Multiplications (*) et divisions (/)

3 Additions (+) et soustractions (-)

Il est possible de modifier l'ordre d'exécution des calculs en utilisant des parenthèses : Excel effectuera en premier lieu les calculs des données entre parenthèses.

Une formule permet de calculer et d'analyser les données d'une feuille de calcul.

Une formule débute toujours par le signe égal (=).

RÉFÉRENCES DE CELLULES

Lors de la saisie des formules, il est préférable d'utiliser les références des cellules (exemple : **=A1+A2**) plutôt que les données effectives (exemple : **=10+30**) chaque fois que c'est possible. Ainsi, si les données des formules subissent des modifications, Excel effectue à nouveau automatiquement les calculs.

EXEMPLES DE FORMULES

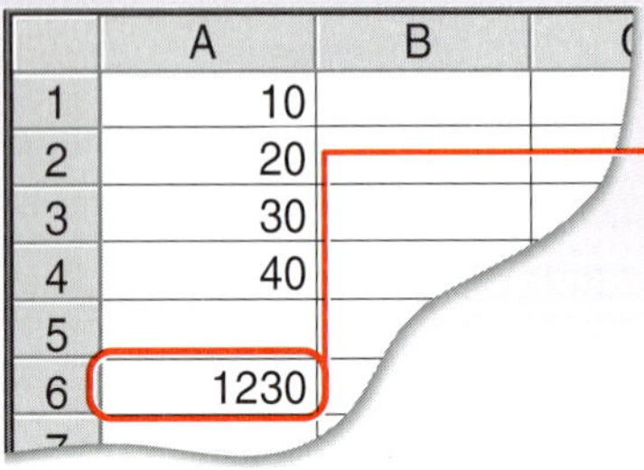

Cette cellule contient la formule suivante :

=A1+A2+A3*A4

=10+20+30*40

=1230

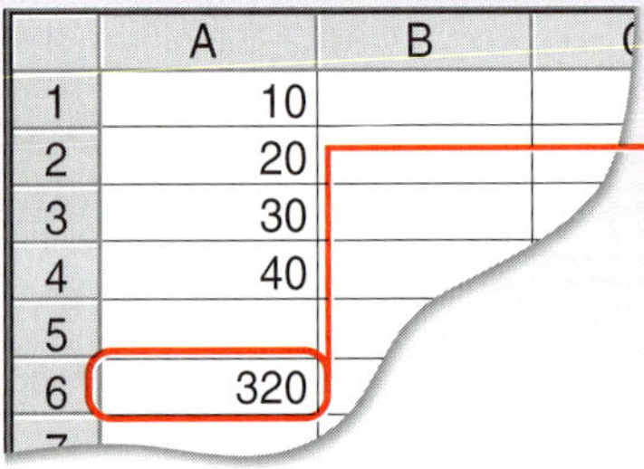

Cette cellule contient la formule suivante :

=A1*A3-A2+A4

=10*30-20+40

=320

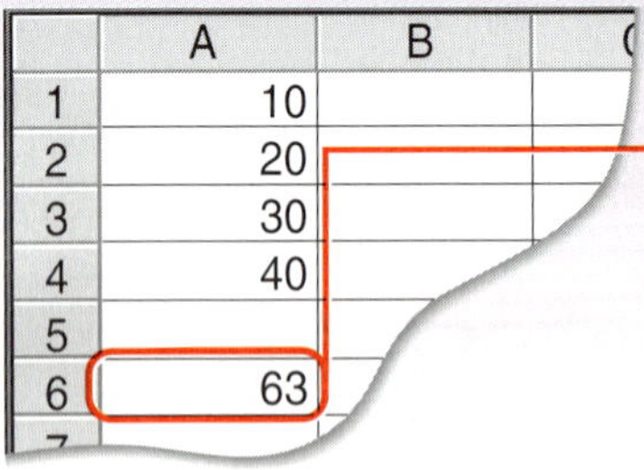

Cette cellule contient la formule suivante :

=A3/A1+A2+A4

=30/10+20+40

=63

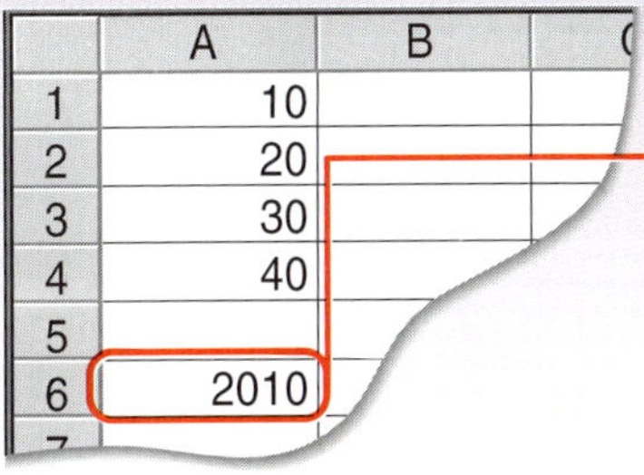

Cette cellule contient la formule suivante :

=A1+(A2+A3)*A4

=10+(20+30)*40

=2010

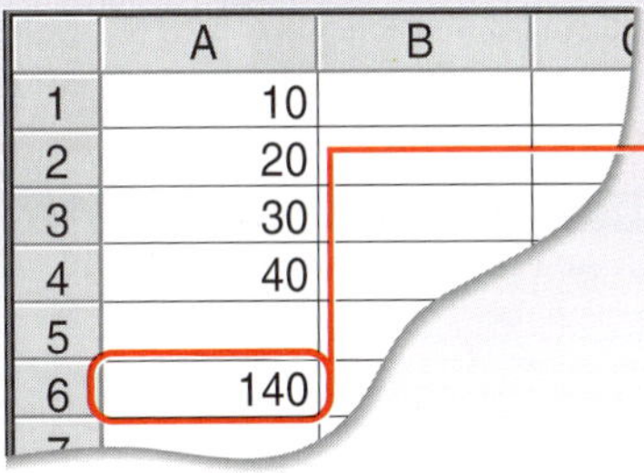

Cette cellule contient la formule suivante :

=A1*(A3-A2)+A4

=10*(30-20)+40

=140

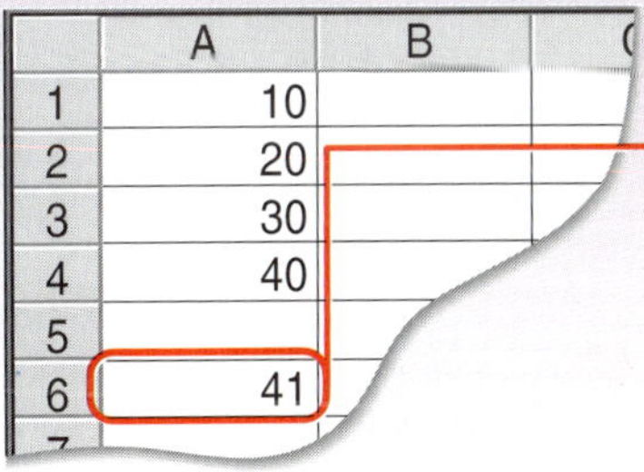

Cette cellule contient la formule suivante :

=A3/(A1+A2)+A4

=30/(10+20)+40

=41

SAISIR UNE FORMULE

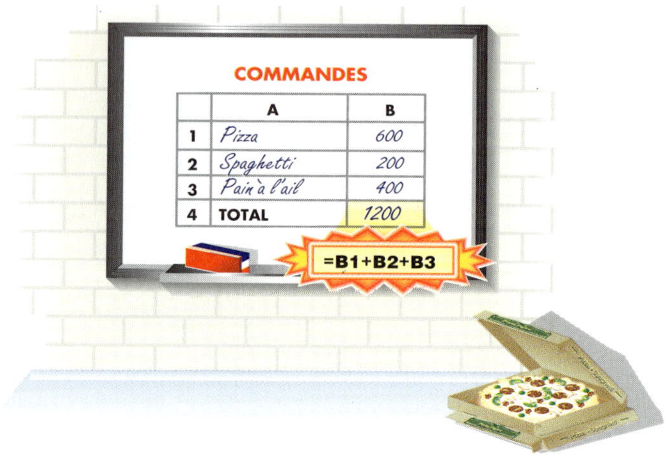

SAISIR UNE FORMULE

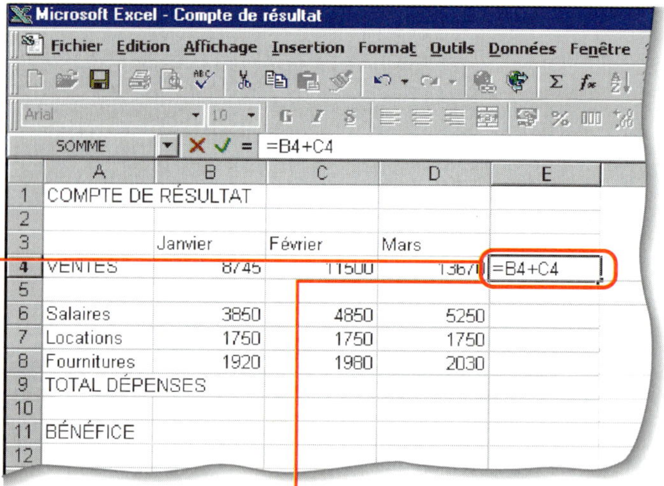

1 Cliquez sur la cellule dans laquelle vous souhaitez saisir la formule.

2 Pour débuter la formule, saisissez le signe (=).

3 Saisissez ensuite la formule puis appuyez sur la touche **Entrée** .

Vous pouvez saisir une formule dans n'importe quelle cellule de la feuille de calcul.

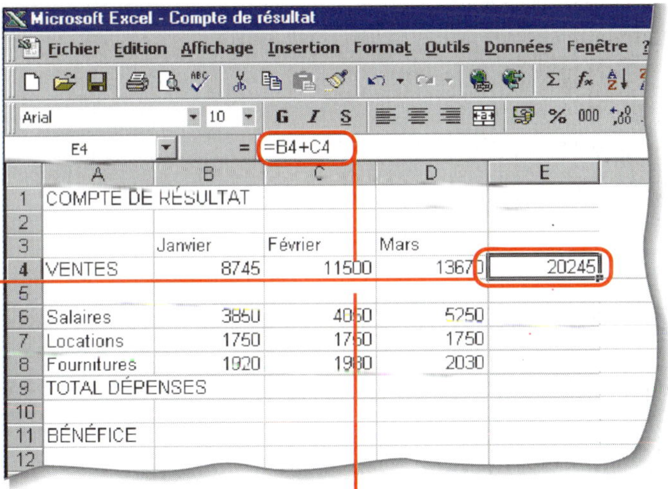

■ Le résultat du calcul s'affiche alors dans la cellule.

4 Pour consulter la formule saisie, cliquez sur la cellule contenant la formule.

■ La formule concernant la cellule indiquée apparaît alors dans la barre de formule.

MODIFIER UNE FORMULE

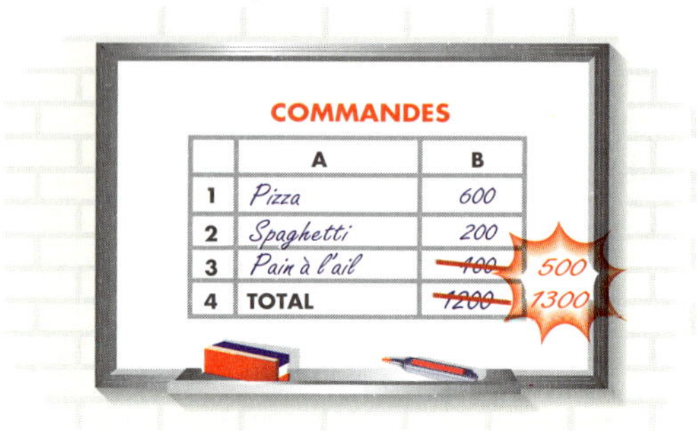

MODIFIER UNE FORMULE

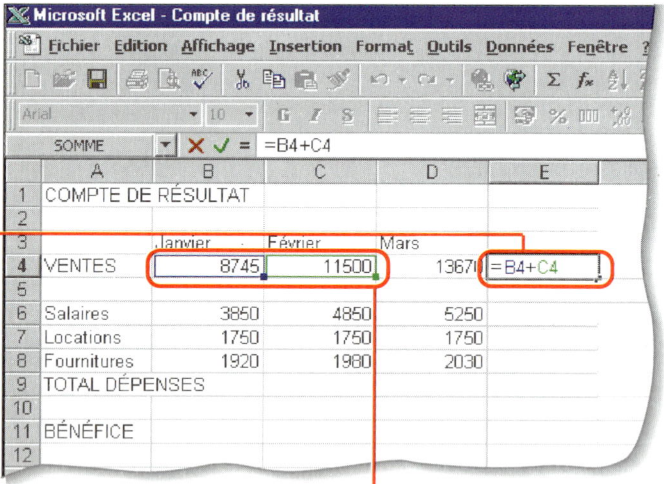

1 Double-cliquez sur la cellule contenant la formule à modifier.

■ La formule s'affiche alors dans la cellule.

■ Excel entoure d'une couleur différente chaque cellule utilisée dans la formule.

Si vous modifiez un nombre dans une formule, Excel effectuera automatiquement le calcul du nouveau résultat.

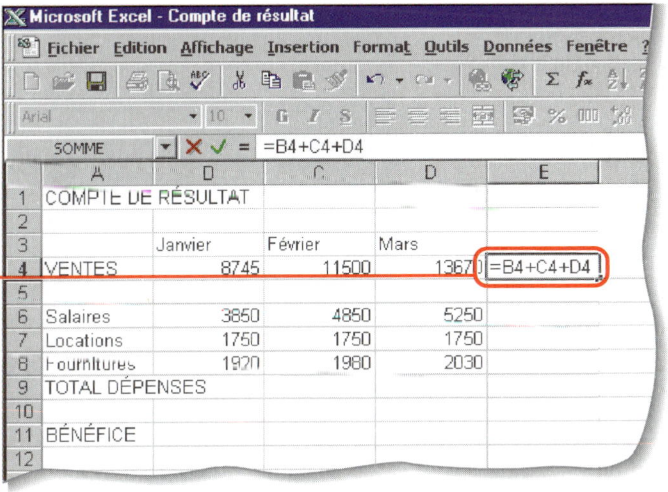

2 Modifiez la formule. Pour cela, suivez les étapes **2** à **4** des pages 80 à 81.

3 Une fois les modifications effectuées, appuyez sur la touche Entrée .

INTRODUCTION AUX FONCTIONS

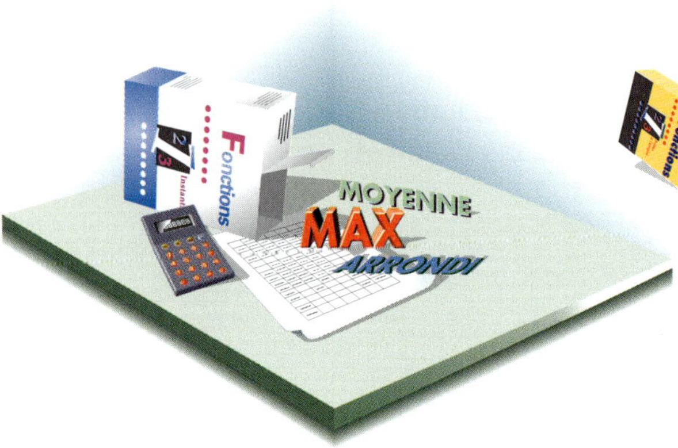

INTRODUCTION AUX FONCTIONS

=SOMME(A1;A2;A3)

=MOYENNE(C1;C2;C3)

=MAX(B7;C7;D7;E7)

=NB(D12;D13;D14)

- Une fonction débute toujours par le signe égal (=).

- Les données utilisées par Excel pour calculer une fonction sont entre parenthèses ().

POUR DES CELLULES INDIVIDUELLES

Lorsqu'il y a ; entre les références des cellules dans une fonction, Excel utilise chacune des cellules pour effectuer le calcul.

Par exemple :

=SOMME (A1;A2;A3) est l'équivalent de =A1+A2+A3.

Une fonction est une formule prête à l'emploi pour effectuer des calculs spécialisés avec les données de la feuille de calcul.

=SOMME(A1:A4)

=MOYENNE(C1:C3)

=MAX(B7:E7)

=NB(D12:D14)

POUR LES GROUPES DE CELLULES

Lorsqu'il y a 2 points (:) entre les références des cellules dans une fonction, Excel utilise les cellules spécifiées ainsi que celles se situant entre les deux pour effectuer le calcul.

Par exemple :

=SOMME (A1:A4) est l'équivalent de =A1+A2+A3+A4.

FONCTIONS LES PLUS COMMUNES

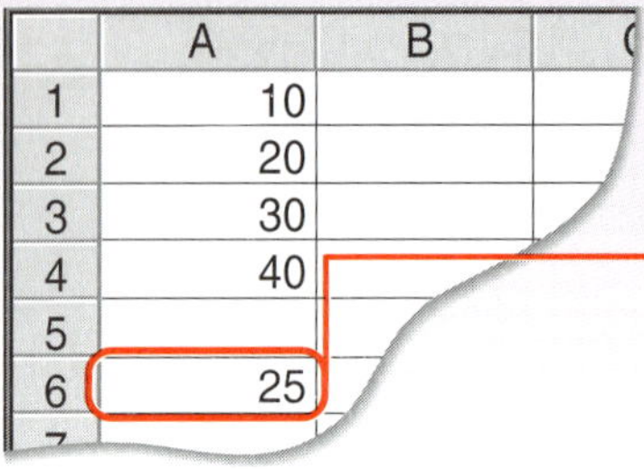

Moyenne

Calcule la valeur moyenne d'une liste de nombres.

■ Cette cellule contient la fonction :

=MOYENNE(A1:A4)

=(A1+A2+A3+A4)/4

=(10+20+30+40)/4

=25

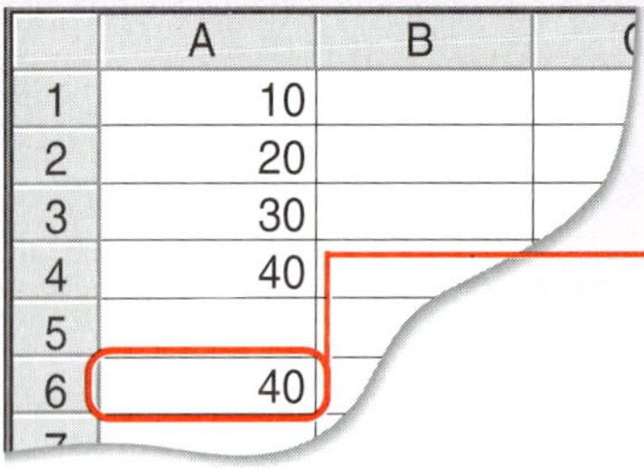

Max

Désigne la plus grande valeur d'une liste de nombres.

■ Cette cellule contient la fonction :

=MAX(A1:A4)

=40

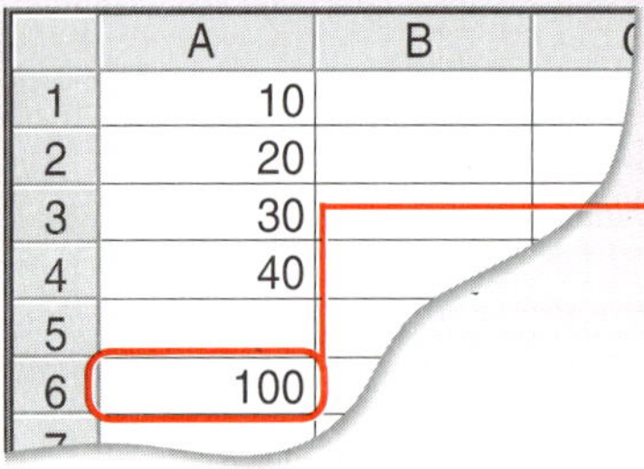

Somme

Additionne une liste de nombres.

■ Cette cellule contient la fonction :

=SOMME(A1:A4)

=A1+A2+A3+A4

=10+20+30+40

=100

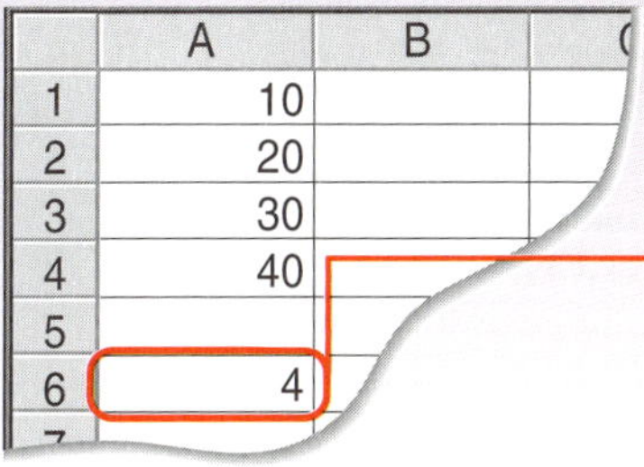

NB

Calcule le nombre de valeurs dans une liste.

■ Cette cellule contient la fonction :

=NB(A1:A4)

=4

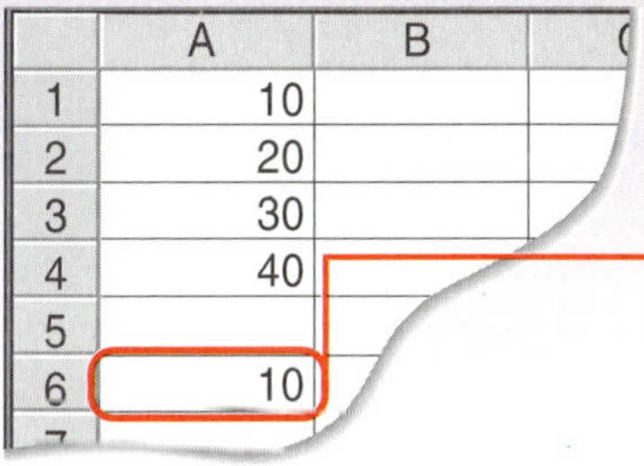

Min

Désigne la plus petite valeur d'une liste de nombres.

■ Cette cellule contient la fonction :

=MIN(A1:A4)

=10

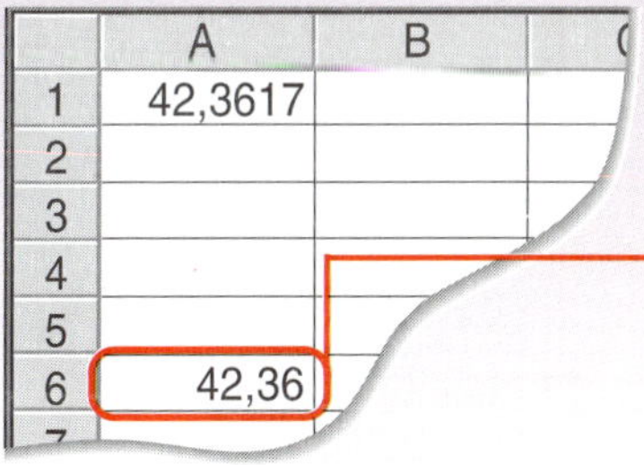

Arrondi

Arrondit la valeur à un nombre spécifique de chiffres.

■ Cette cellule contient la fonction :

=ARRONDI(A1,2)

=42,36

SAISIR UNE FONCTION

SAISIR UNE FONCTION

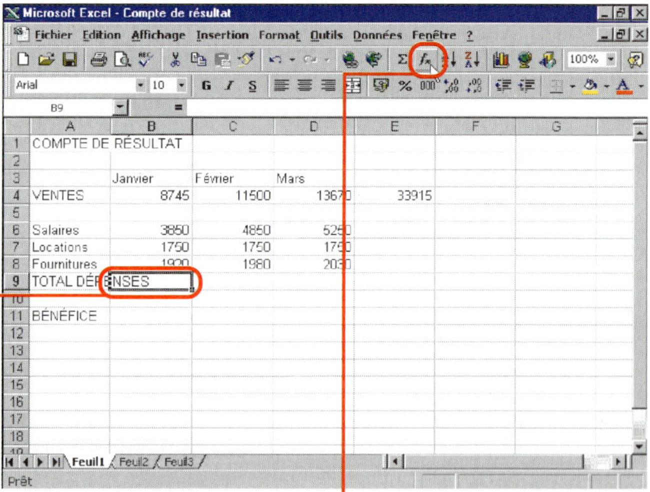

1 Cliquez sur la cellule où vous souhaitez saisir la fonction.

2 Cliquez sur fx.

■ La boîte de dialogue **Coller une fonction** apparaît.

Excel vous aide à saisir des fonctions dans une feuille de calcul, vous permettant ainsi d'effectuer des calculs sans avoir à taper des formules longues et compliquées.

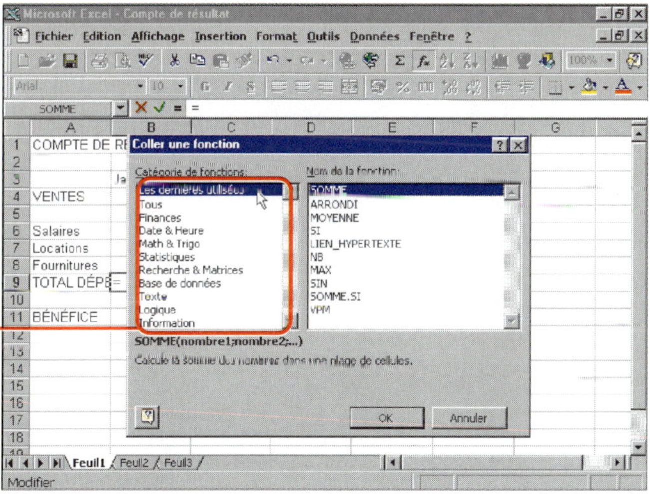

3 Cliquez sur la catégorie contenant la fonction recherchée,

*Note. Si vous ne savez pas quelle catégorie contient la fonction recherchée, sélectionnez **Tous** pour afficher une liste de toutes les fonctions.*

SAISIR UNE FONCTION (SUITE)

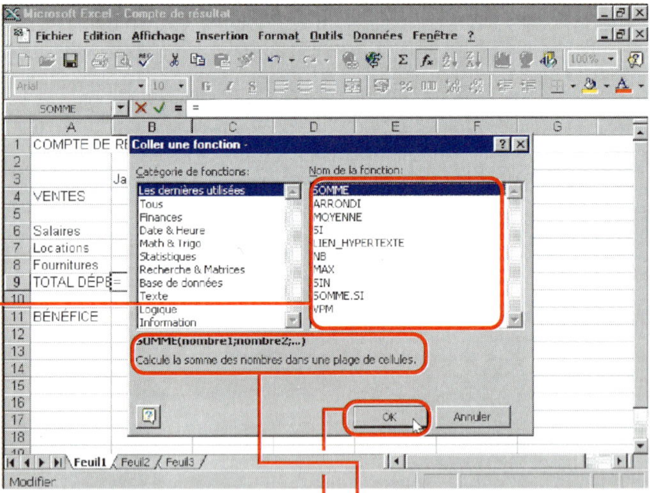

■ Cette zone affiche les fonctions de la catégorie sélectionnée.

4 Cliquez sur la fonction recherchée.

■ Cette zone décrit la fonction sélectionnée.

5 Pour saisir la fonction dans la feuille de calcul, cliquez sur **OK**.

Excel met à votre disposition plus de 200 fonctions vous aidant à analyser les données d'une feuille de calcul. Il existe des fonctions financières, mathématiques et trigonométriques, des fonctions de date et heure, des fonctions statistiques, etc.

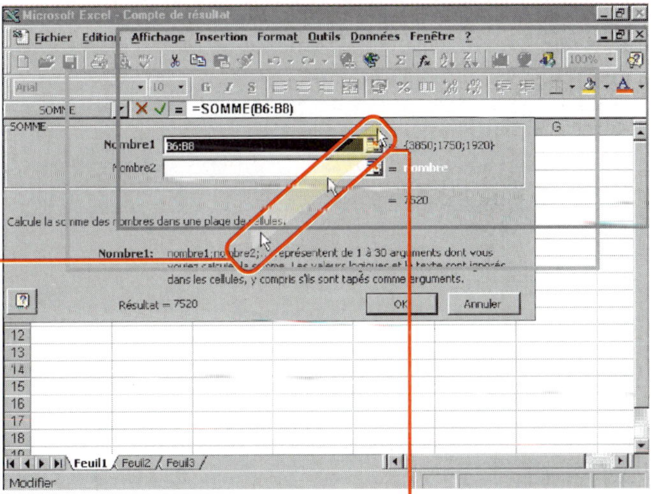

■ Une boîte de dialogue apparaît alors. Si elle dissimule les données utiles aux calculs, il vous est possible de la déplacer.

6 Pour ce faire, placez le pointeur sur la barre de titre de la boîte de dialogue.

7 Déplacez la boîte de dialogue vers un autre endroit.

SAISIR UNE FONCTION (SUITE)

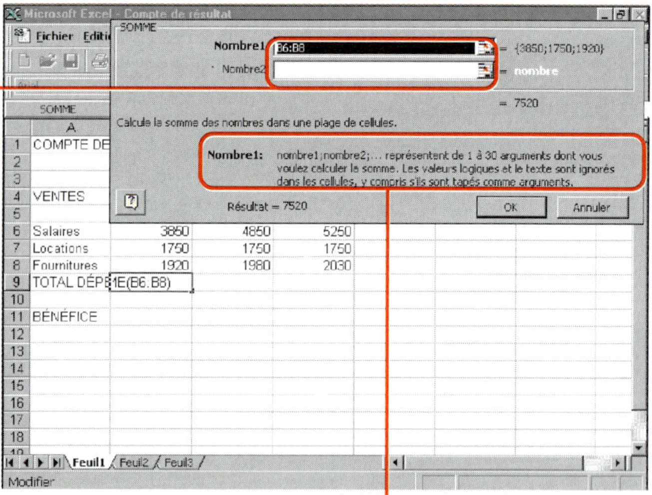

Cette zone affiche des cases dans lesquelles vous saisissez les nombres à utiliser dans les calculs.

Cette autre zone décrit le nombre qu'il vous faut saisir.

Lorsque vous saisissez une fonction, vous devez spécifier quels sont les nombres à utiliser pour l'exécution des calculs.

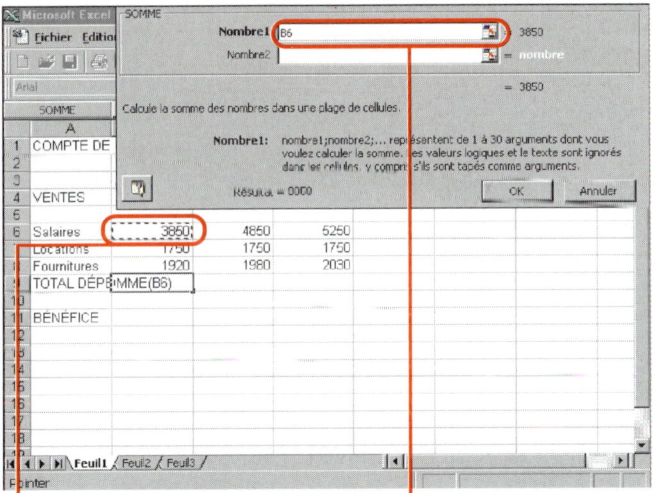

8 Pour saisir un nombre, cliquez sur la cellule de la feuille de calcul contenant le nombre concerné.

Note. Si le nombre que vous souhaitez saisir n'apparaît pas dans la feuille de calcul, tapez-le.

■ La zone affiche à présent la cellule sélectionnée.

SAISIR UNE FONCTION

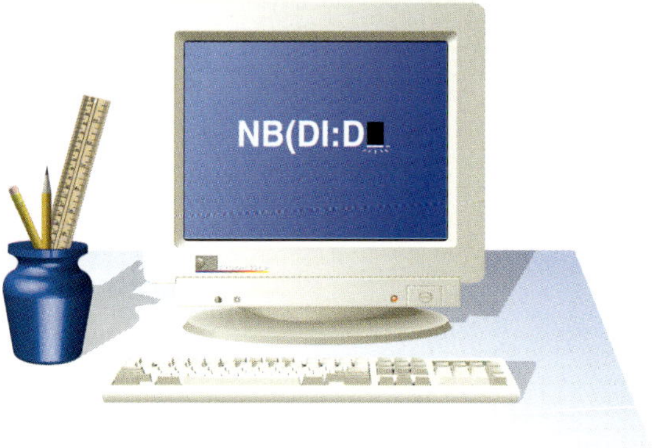

SAISIR UNE FONCTION (SUITE)

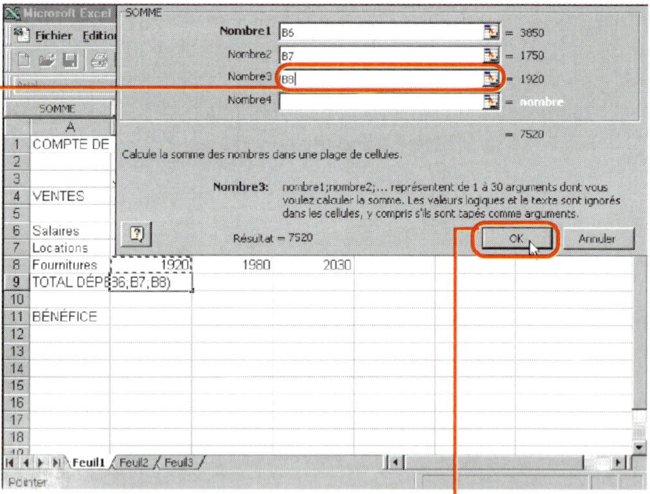

9 Pour saisir le nombre suivant, cliquez sur la zone suivante.

10 Répétez les étapes **8** et **9** jusqu'à la saisie complète des nombres nécessaires aux calculs.

11 Cliquez sur **OK**.

Vous pouvez facilement saisir une fonction en la tapant entièrement dans une cellule.

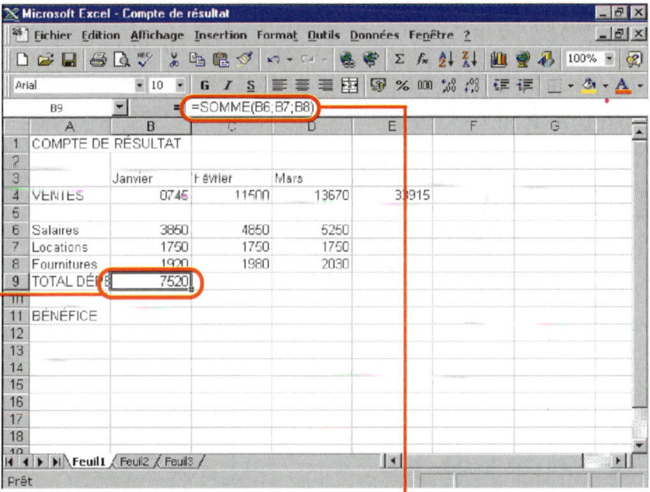

■ Le résultat de la fonction s'affiche alors dans la cellule.

■ La fonction de la cellule active apparaît dans la barre de formule.

UTILISER LE CALCUL AUTOMATIQUE

UTILISER LE CALCUL AUTOMATIQUE

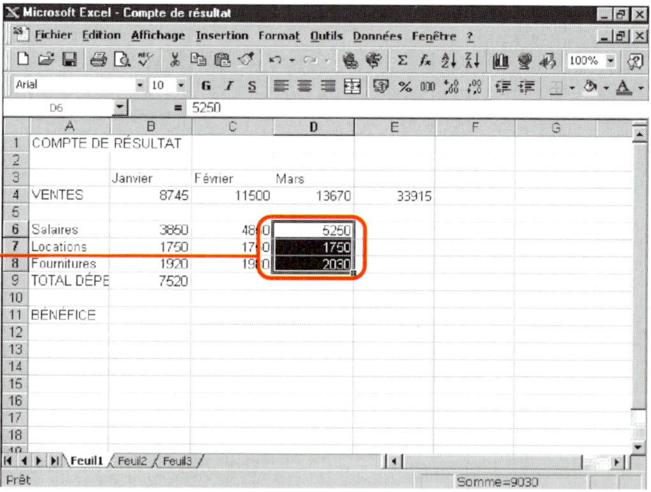

1 Sélectionnez les cellules à inclure dans le calcul. Pour sélectionner des cellules, reportez-vous à la page 20.

Vous pouvez consulter rapidement les résultats de calculs ordinaires sans saisir de formule dans la feuille de calcul.

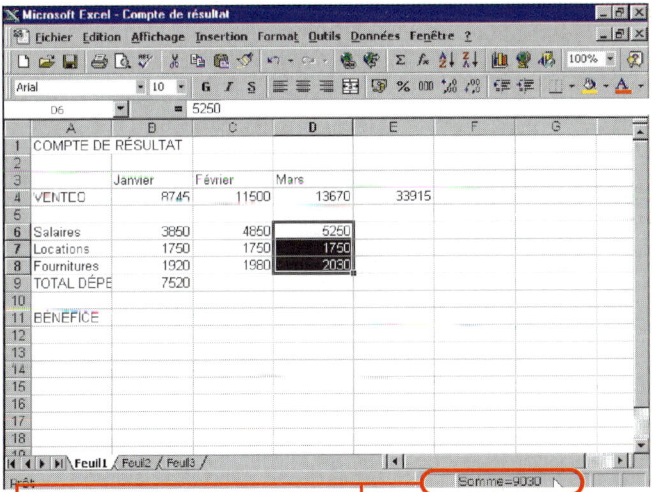

■ Cette zone affiche la somme des cellules sélectionnées.

2 Pour faire apparaître le résultat de différents calculs, cliquez sur cette zone avec le bouton **droit**.

UTILISER LE CALCUL AUTOMATIQUE

UTILISER LE CALCUL AUTOMATIQUE (SUITE)

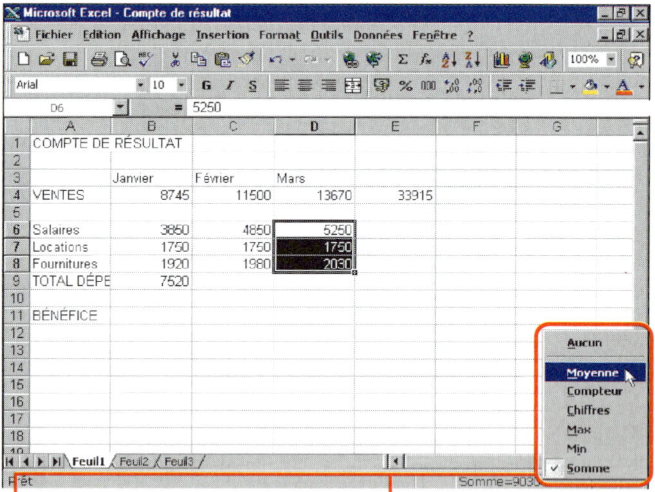

■ Une liste apparaît, affichant les calculs que vous pouvez effectuer.

3 Cliquez sur l'opération à exécuter.

La fonction Calcul automatique peut effectuer d'autres opérations.

Moyenne
Calcule la valeur moyenne d'une liste de nombres.

NBVAL
Calcule le nombre d'éléments d'une liste, texte inclus.

NB
Calcule le nombre de valeurs dans une liste.

Max
Désigne la plus grande valeur d'une liste.

Min
Désigne la plus petite valeur d'une liste.

Somme
Additionne une liste de nombres.

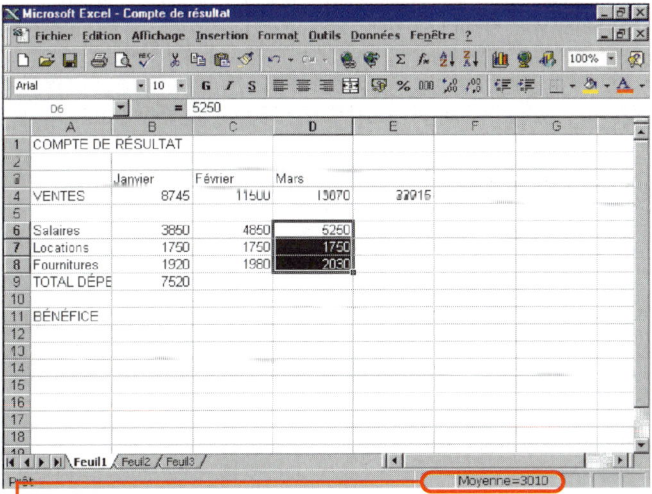

■ Cette zone affiche le résultat du nouveau calcul.

ADDITIONNER DES NOMBRES

ADDITIONNER DES NOMBRES

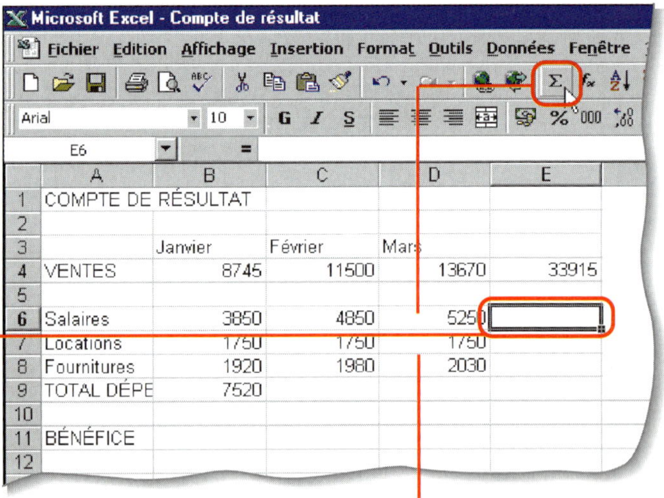

1 Cliquez sur la cellule située au dessous ou à droite des cellules à additionner

2 Cliquez sur Σ.

Grâce à ce bouton [Σ], vous pouvez additionner rapidement une liste de nombres dans une feuille de calcul.

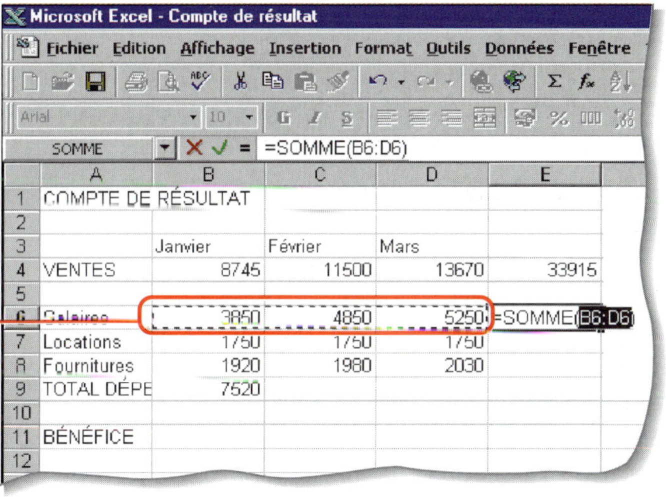

■ Excel entoure alors d'une ligne en pointillés les cellules servant au calcul.

■ Si Excel n'entoure pas les cellules concernées, sélectionnez les cellules contenant les nombres à additionner.

ADDITIONNER DES NOMBRES (SUITE)

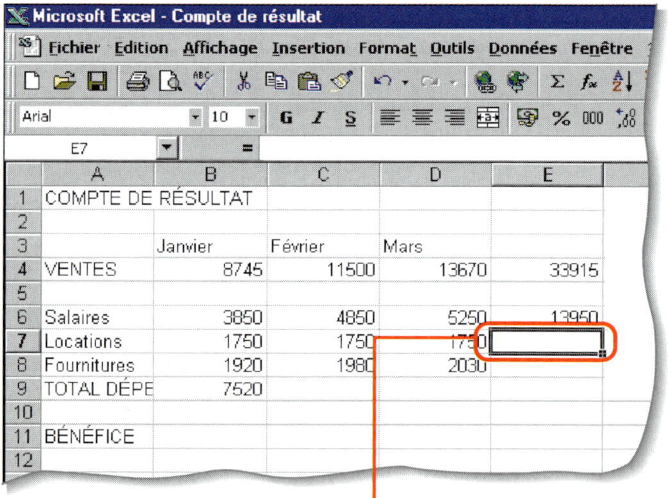

3 Appuyez sur **Entrée** pour effectuer le calcul.

■ Le résultat s'affiche alors.

Les signes dièse (#) apparaissant dans une cellule indiquent que celle-ci ne peut pas contenir le résultat du calcul car il est trop long. Pour afficher le résultat, il faut modifier la largeur de la colonne. Pour ce faire, reportez-vous à la page 116.

ADDITIONNER DES SOUS-TOTAUX

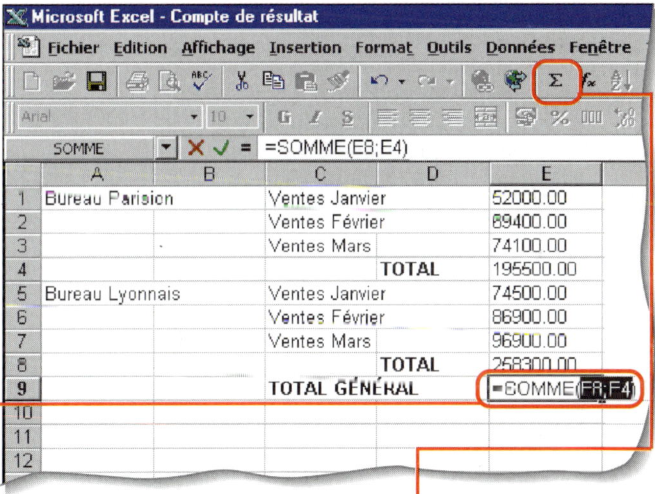

■ Si la feuille de calcul contient plusieurs totaux, il est possible de calculer rapidement le total général.

1 Cliquez sur la cellule située au dessous ou à droite des cellules contenant les totaux.

2 Cliquez sur Σ.

3 Pressez Entrée.

DÉCRYPTER LES ERREURS DANS LES FORMULES

DÉCRYPTER LES ERREURS DANS LES FORMULES

#####

La colonne est trop étroite pour afficher correctement le résultat du calcul. Pour modifier la largeur de la colonne, reportez-vous à la page 116

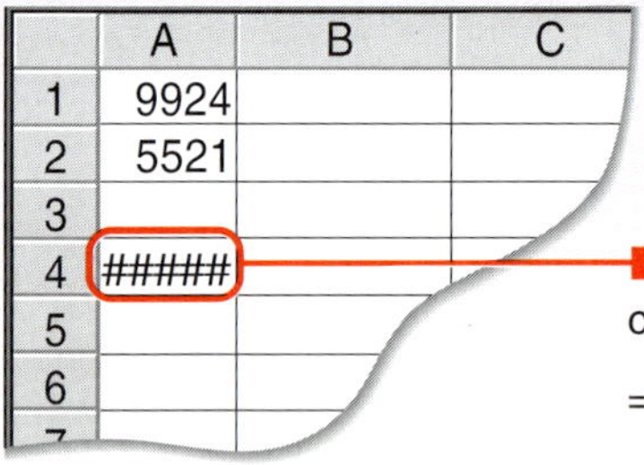

Cette cellule contient la formule :

=A1*A2

Un message d'erreur apparaît lorsque Excel ne parvient pas à effectuer le calcul d'une formule de manière correcte.

Les erreurs de formules résultent souvent de fautes de frappe. Il est possible de corriger une erreur en modifiant le contenu de la cellule concernée. Pour modifier le contenu d'une cellule, reportez-vous à la page 52.

#DIV/0!

La formule divise le nombre par 0. Excel considère qu'une cellule vierge contient la valeur 0.

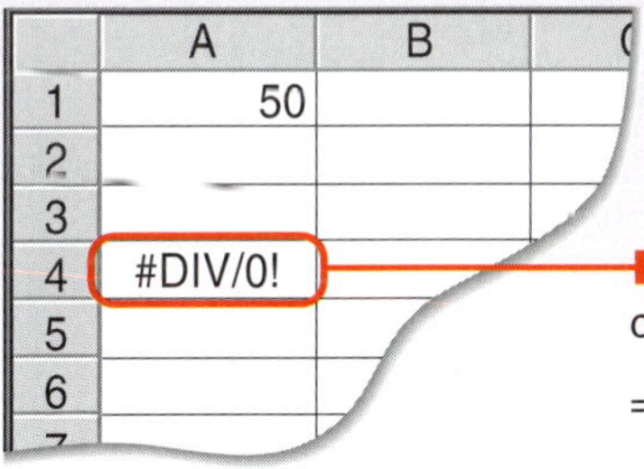

■ Cette cellule contient la formule :

=A1/A2

=50/0

DÉCRYPTER LES ERREURS DANS LES FORMULES

#NOM?

La formule contient un nom de fonction ou une référence de cellule qu'Excel ne reconnaît pas.

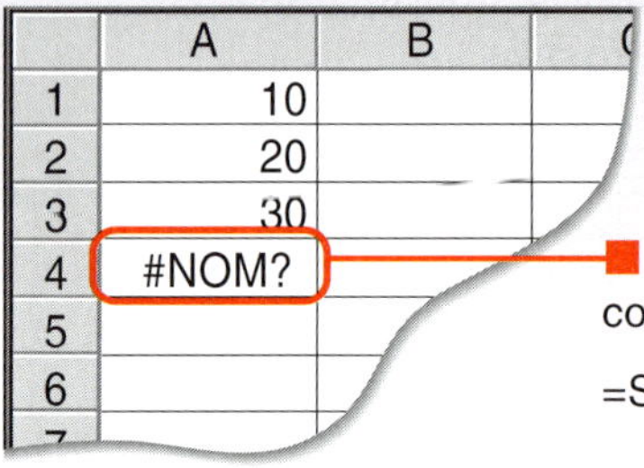

Cette cellule contient la formule :

=SOM(A1:A3)

Dans cet exemple l'orthographe du mot “Somme” a été délibérément erronée.

#VALEUR!

La formule fait référence à une cellule qu'Excel ne peut pas employer dans son calcul.

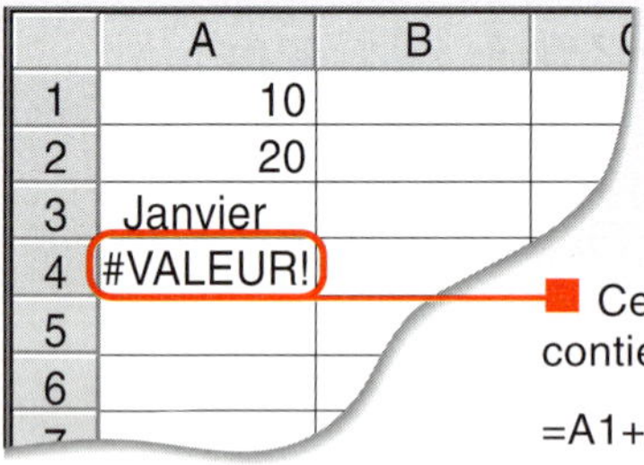

Cette cellule contient la formule :

=A1+A2+A3

Dans cet exemple, une cellule utilisée dans la formule contient du texte.

#REF!

La formule fait référence à une cellule non valide.

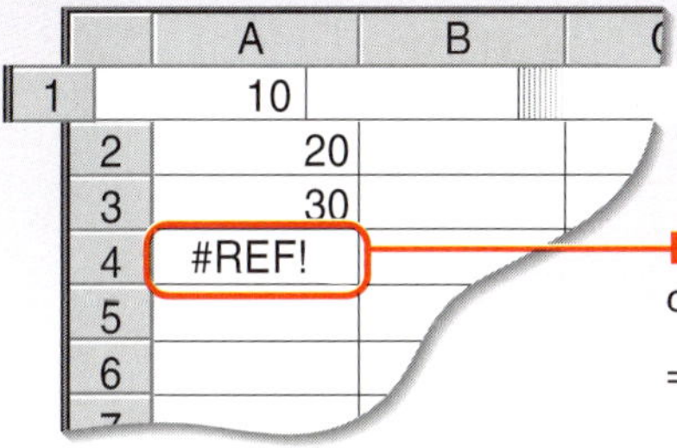

Cette cellule contient la formule :

=A1+A2+A3

Dans cet exemple, une ligne contenant une cellule indispensable au calcul à été supprimée.

RÉFÉRENCE CIRCULAIRE

Un message d'erreur apparaît lorsqu'une formule fait référence à la cellule contenant la formule. C'est ce que l'on appelle une référence circulaire.

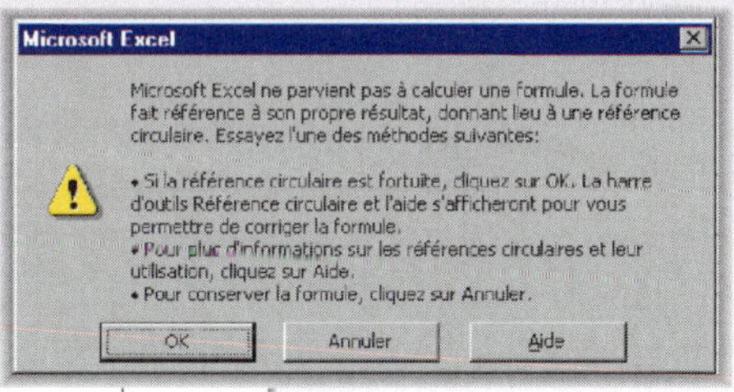

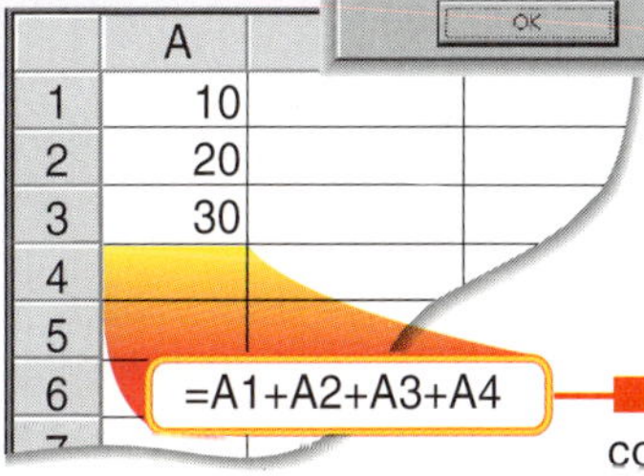

Cette cellule contient la formule :

=A1+A2+A3+A4

COPIER UNE FORMULE

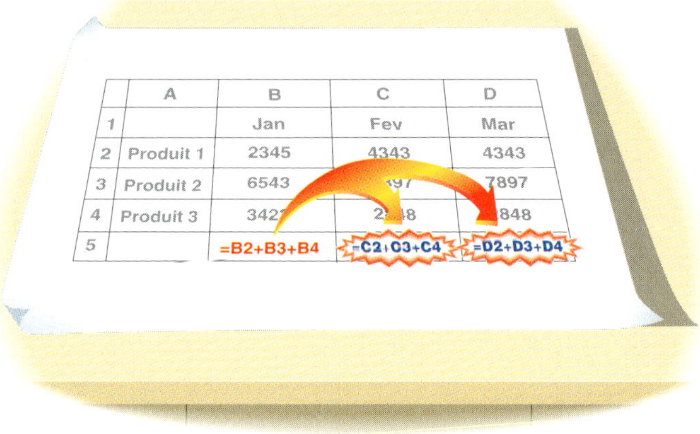

COPIER UNE FORMULE - RÉFÉRENCES RELATIVES

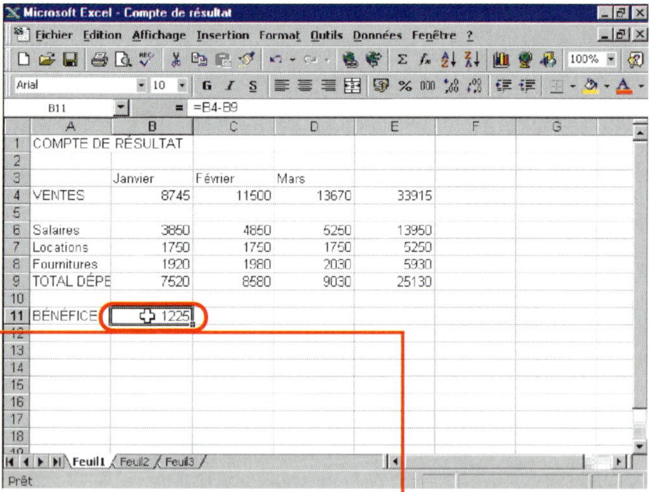

1 Saisissez la formule à copier dans les autres cellules. Pour ce faire, reportez-vous à la page 80.

Note. Dans cet exemple, pour calculer le bénéfice, saisissez la formule ***=B4-B9*** *dans la cellule* ***B11****.*

2 Cliquez sur les cellules dont vous souhaitez copier la formule.

Si vous souhaitez utiliser plusieurs fois une même formule, vous gagnerez du temps en la copiant.

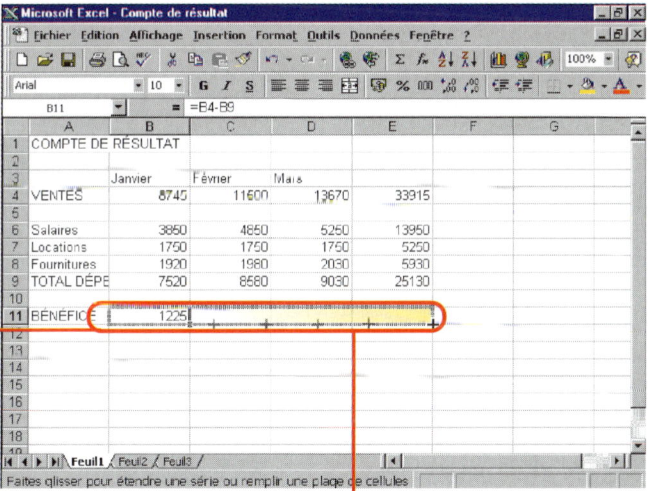

3 Placez le pointeur ✚ sur le coin inférieur droit de la cellule (le pointeur devient +).

4 Déplacez le pointeur + sur les cellules où vous voulez copier les formules.

COPIER UNE FORMULE

Une référence relative change lorsque vous copiez une formule.

COPIER UNE FORMULE - RÉFÉRENCES RELATIVES

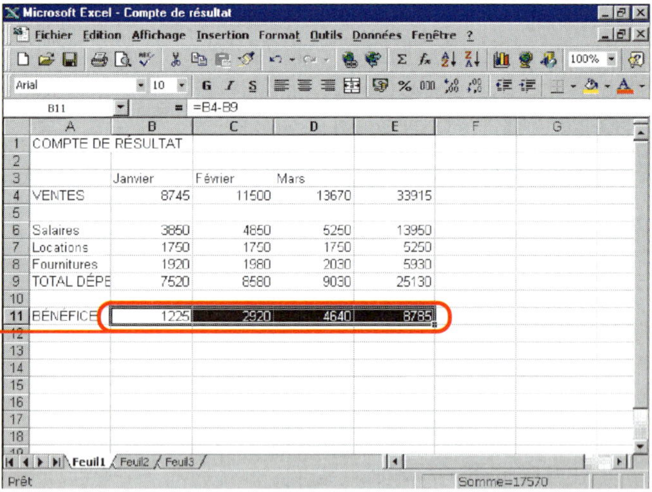

■ Les résultats des formules apparaissent alors.

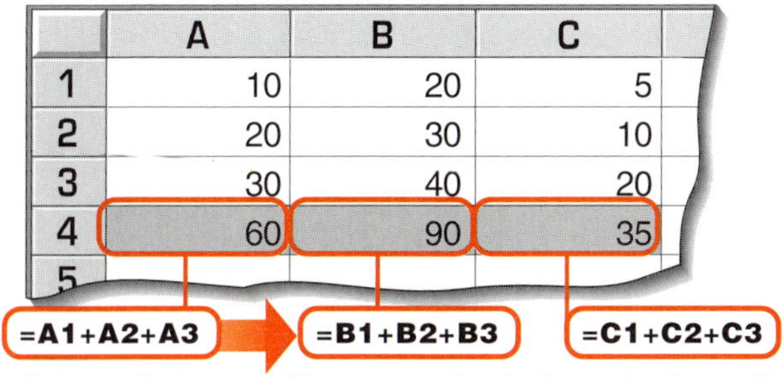

Cette cellule contient la formule : =A1+A2+A3

Si vous copiez la formule dans d'autres cellules de la feuille de calcul, Excel change automatiquement les références de cellules dans les nouvelles formules.

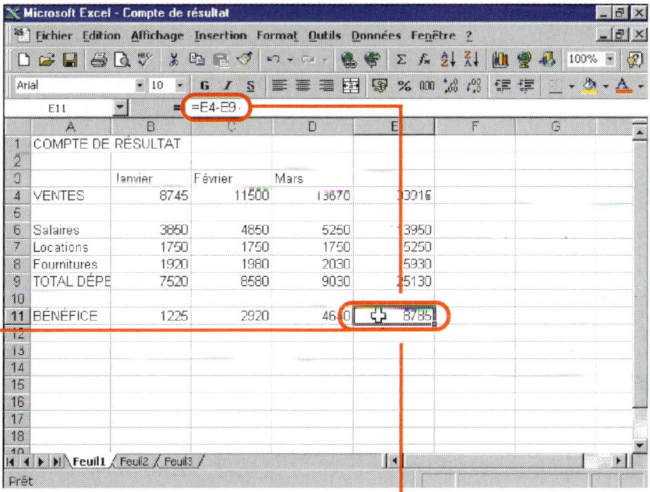

5 Pour consulter les nouvelles formules, cliquez sur une cellule ayant reçu une copie de la formule.

■ La barre de formule affiche la formule avec les nouvelles références de cellules.

COPIER UNE FORMULE

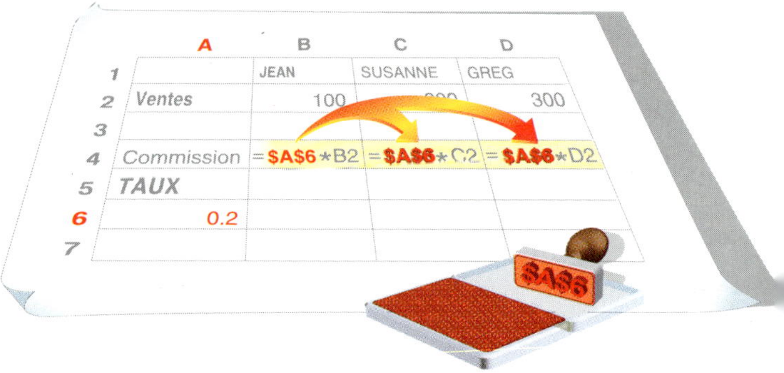

COPIER UNE FORMULE - RÉFÉRENCES ABSOLUES

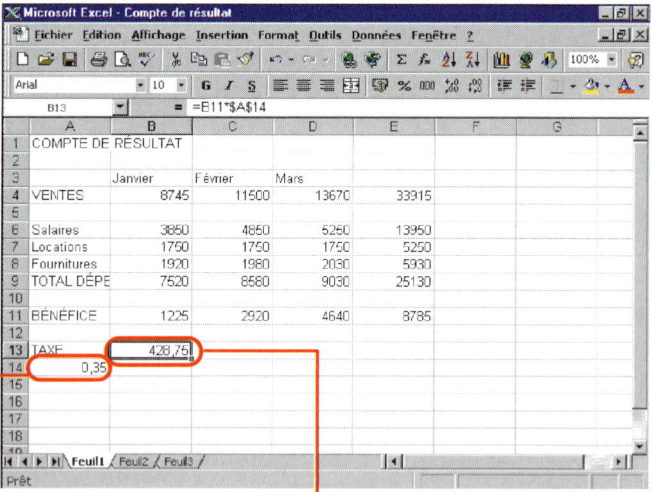

1 Saisissez les données que vous désirez maintenir intactes dans toutes les formules.

2 Saisissez la formule à copier dans les autres cellules. Pour ce faire, reportez-vous à la page 80.

Note. Dans cet exemple saisissez la formule ***=B11*$A$14*** *dans la cellule* ***B13*** *pour calculer TAXE.*

Pour gagner du temps, vous pouvez copier une formule dans d'autres cellules de la feuille de calcul. Si vous ne souhaitez pas qu'Excel change la référence d'une cellule lors de la copie, utilisez une référence absolue.

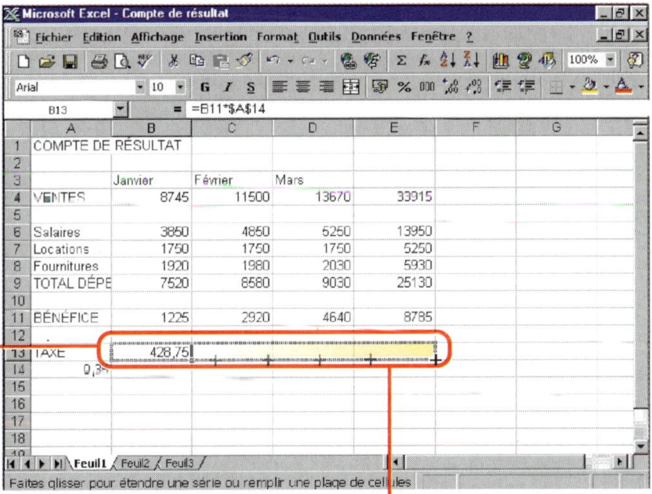

3 Cliquez sur les cellules dont vous souhaitez copier la formule.

4 Placez le pointeur ✥ sur le coin inférieur droit de la cellule (le pointeur devient +).

5 Déplacez le pointeur + sur les cellules où vous voulez copier les formules.

Une référence absolue ne change pas lorsque vous copiez une formule. Pour créer une référence absolue d'une cellule, saisissez le signe dollar ($) avant la lettre représentant la colonne et avant le chiffre représentant la ligne (exemple : $A$7).

COPIER UNE FORMULE - RÉFÉRENCES ABSOLUES

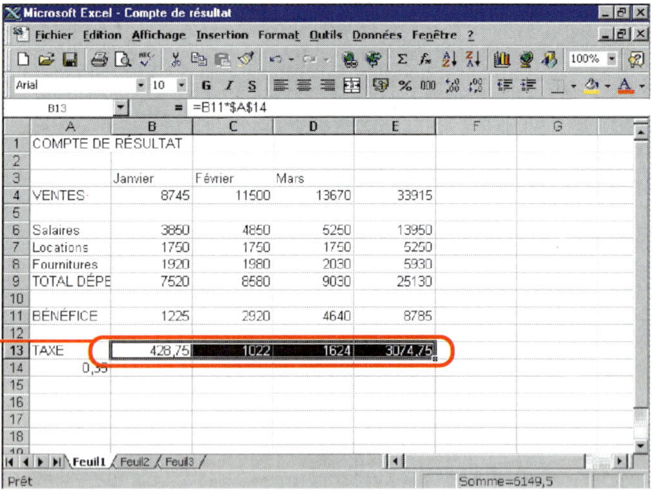

	A	B	C	D	E
1	COMPTE DE RÉSULTAT				
2					
3		Janvier	Février	Mars	
4	VENTES	8745	11500	13670	33915
5					
6	Salaires	3850	4850	5250	13950
7	Locations	1750	1750	1750	5250
8	Fournitures	1920	1980	2030	5930
9	TOTAL DÉPE	7520	8580	9030	25130
10					
11	BÉNÉFICE	1225	2920	4640	8785
12					
13	TAXE	428,75	1022	1624	3074,75
14	0,[illegible]				

■ Les résultats des formules apparaissent alors.

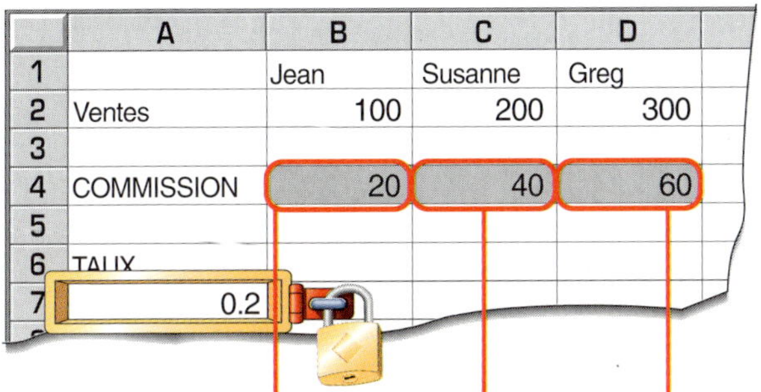

=$A$7*B2 **=$A$7*C2** **=$A$7*D2**

Cette cellule contient la formule : =$A$7*B2

Si vous copiez la formule dans d'autres cellules, Excel ne change pas la référence absolue dans les nouvelles formules.

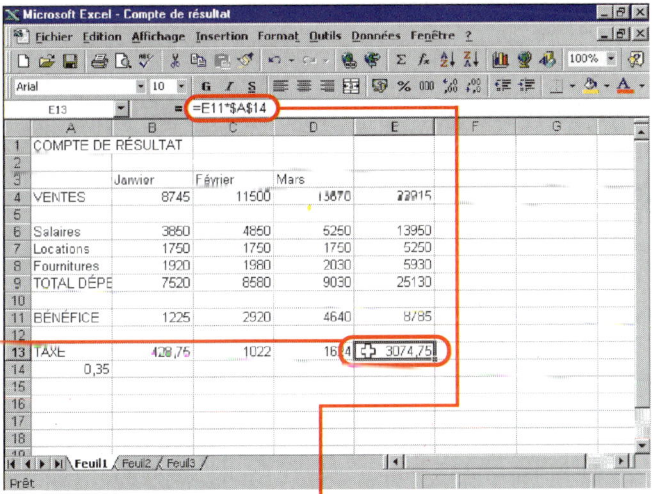

6 Pour consulter les nouvelles formules, cliquez sur une cellule ayant reçu une copie de la formule.

■ La référence absolue dans la formule (exemple : **$A$14**) reste inchangée.

■ En revanche, la référence relative de la formule (exemple : **E11**) a changé.

MODIFIER LA LARGEUR D'UNE COLONNE

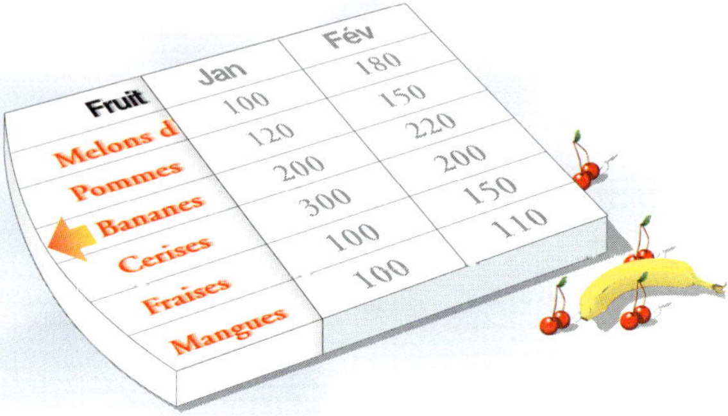

MODIFIER LA LARGEUR D'UNE COLONNE

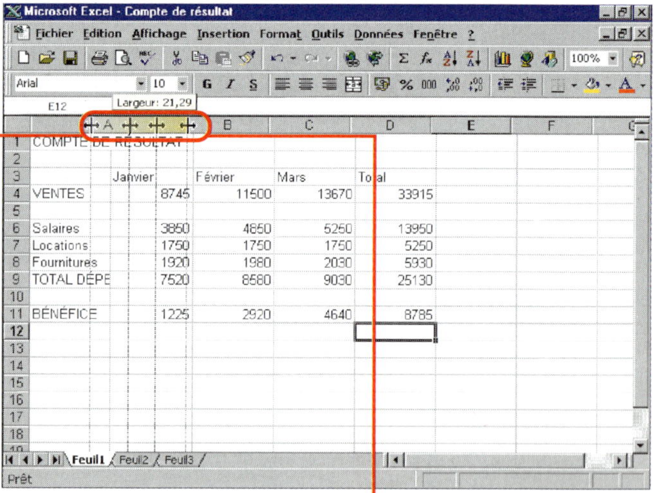

1 Pour modifier la largeur d'une colonne, placez le pointeur ✣ sur la bordure droite de l'en-tête de la colonne (le pointeur ✣ devient ↔).

2 Déplacez la bordure de la colonne, jusqu'à ce que la ligne en pointillés matérialise la largeur souhaitée.

En modifiant la largeur des colonnes, vous pouvez améliorer la présentation d'une feuille de calcul et afficher des données cachées.

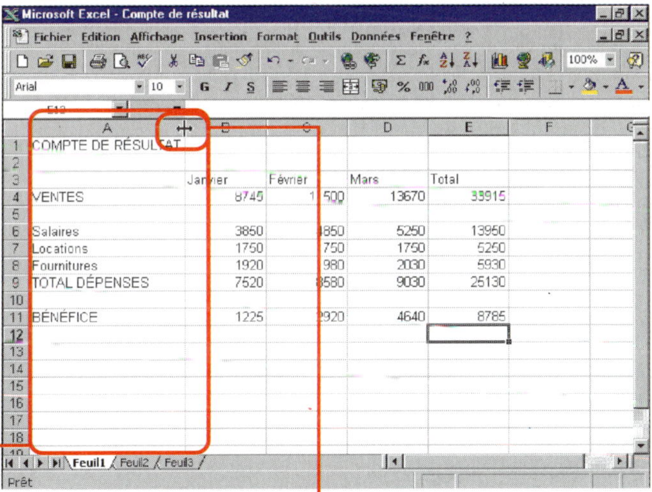

■ La colonne adopte alors la nouvelle largeur.

■ Excel peut modifier la largeur d'une colonne pour qu'elle puisse afficher l'intitulé le plus long. Double-cliquez sur la bordure de l'en-tête de la colonne

MODIFIER LA HAUTEUR D'UNE LIGNE

MODIFIER LA HAUTEUR D'UNE LIGNE

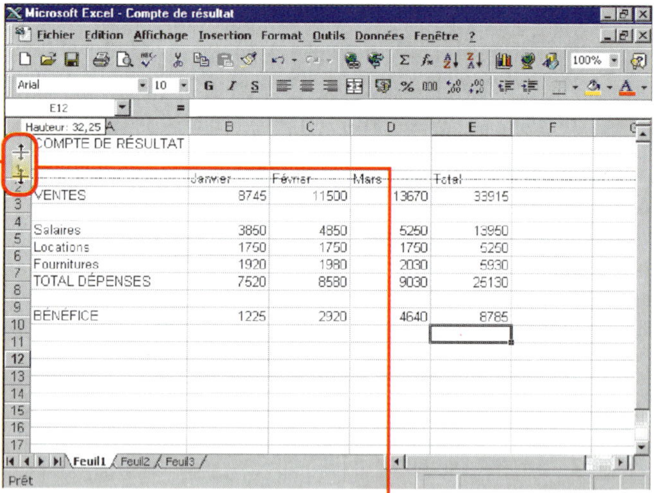

1 Pour modifier la hauteur d'une ligne, placez le pointeur ✚ sur la bordure inférieure de l'en-tête de la ligne (le pointeur ✚ devient ✛).

2 Déplacez la bordure de la ligne, jusqu'à ce que la ligne en pointillés matérialise la hauteur souhaitée.

Pour aérer la feuille de calcul et espacer les données, vous pouvez modifier la hauteur des lignes.

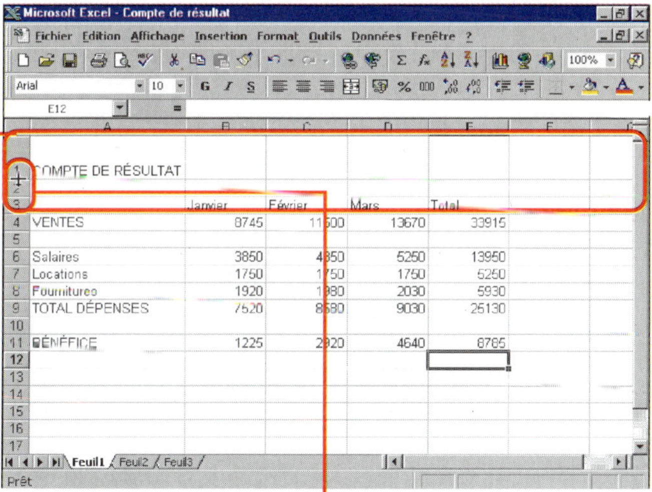

■ La ligne adopte alors la nouvelle hauteur.

■ Excel peut modifier la hauteur d'une ligne selon l'intitulé le plus haut. Double-cliquez sur la bordure inférieure de l'en-tête de la colonne

MODIFIER L'AFFICHAGE DES NOMBRES

	Option	Exemple
	Rajoute un signe monétaire	10 → 10,00F
%	Affiche en pourcentage	0.15 → 15%
	Ajoute une virgule et deux décimales	1000 → 1 000,00
	Ajoute une décimale	10,19 → 10,190
	Supprime une décimale	10,19 → 10,2

MODIFIER L'AFFICHAGE DES NOMBRES

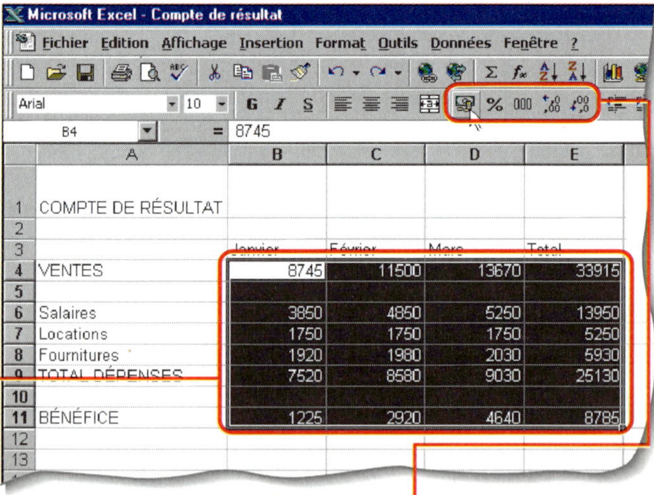

1 Sélectionnez les cellules contenant les données dont vous voulez modIfier l'affichage. Pour sélectionner des cellules, reportez-vous à la page 20.

2 Cliquez sur l'une de ces options.

Vous pouvez modifier rapidement l'affichage des nombres dans une feuille de calcul sans avoir à les saisir à nouveau.

Lorsque vous modifiez l'affichage des nombres, vous ne changez pas les valeurs qu'ils représentent.

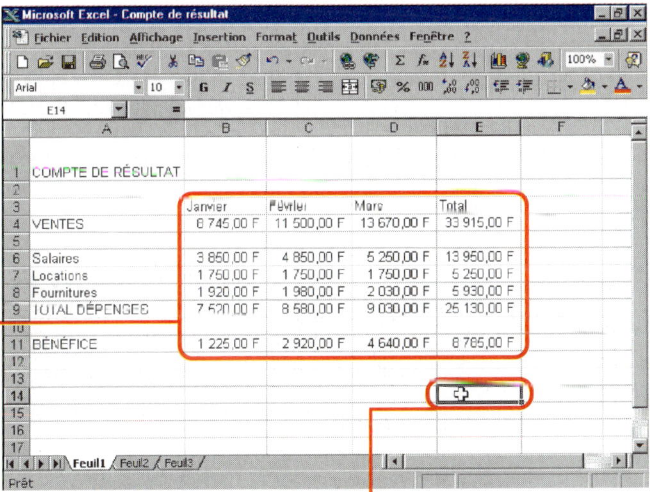

■ Les nombres adoptent alors l'affichage choisi.

■ Pour désélectionner les cellules, cliquez en dehors de la zone sélectionnée.

Note. Le signe dièse (#) apparaissant dans une cellule indique que la colonne n'est pas assez large pour afficher le nombre dans sa totalité. Pour modifier la largeur de la colonne, voir page 116.

GRAS, ITALIQUE ET SOULIGNÉ

GRAS, ITALIQUE ET SOULIGNÉ

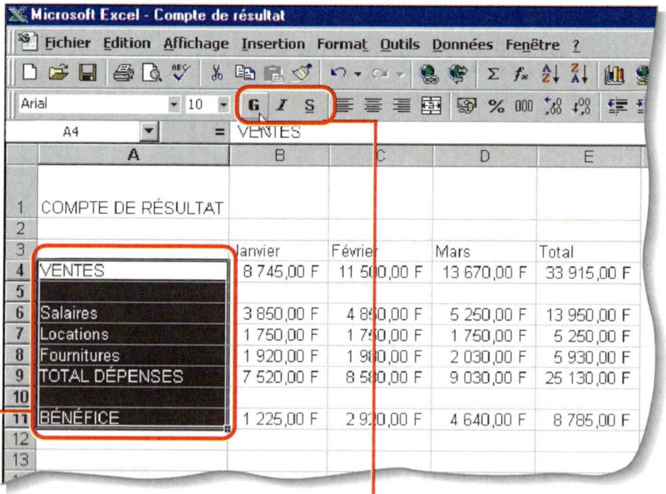

1 Sélectionnez les cellules contenant les données à mettre en valeur. Pour sélectionner des cellules, reportez-vous à la page 20.

2 Cliquez sur l'une des options suivantes.

- **G** Gras
- ***I*** Italique
- **S** Souligné

Pour mettre en relief certaines données de la feuille de calcul, vous pouvez utiliser les options gras, italique et souligné.

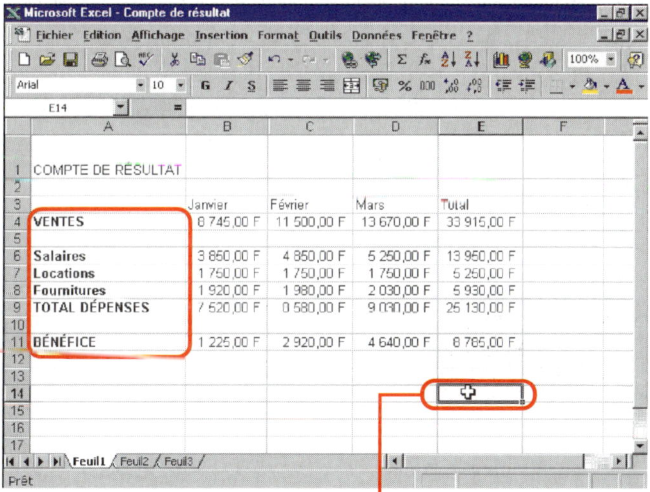

■ Les données adoptent alors le style choisi.

■ Pour désélectionner les cellules, cliquez en dehors de la zone sélectionnée.

■ Pour annuler le style gras, italique ou souligné, répétez les étapes **1** et **2**.

MODIFIER LES POLICES DE CARACTÈRES

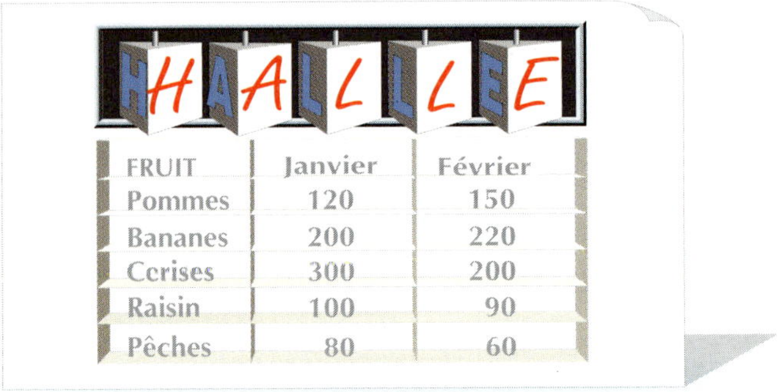

MODIFIER LES POLICES DE CARACTÈRES

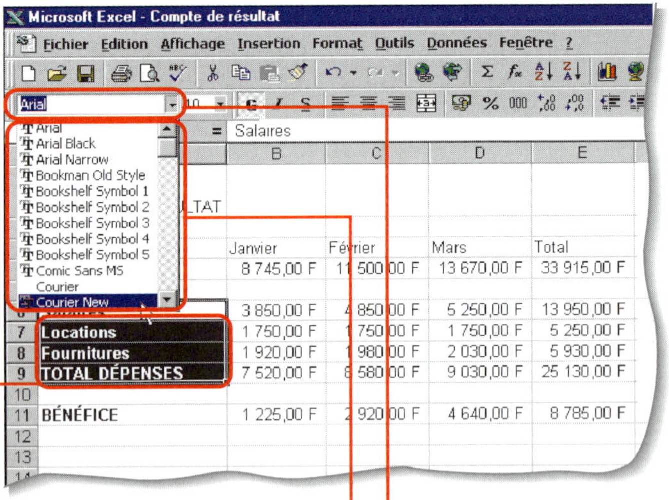

1 Sélectionnez les cellules contenant les données dont vous souhaitez modifier la police. Pour sélectionner des cellules, reportez-vous à la page 20.

2 Pour afficher la liste des polices disponibles, cliquez sur ▾.

3 Cliquez sur la police voulue.

Vous pouvez améliorer l'aspect d'une feuille de calcul en modifiant le style des caractères.

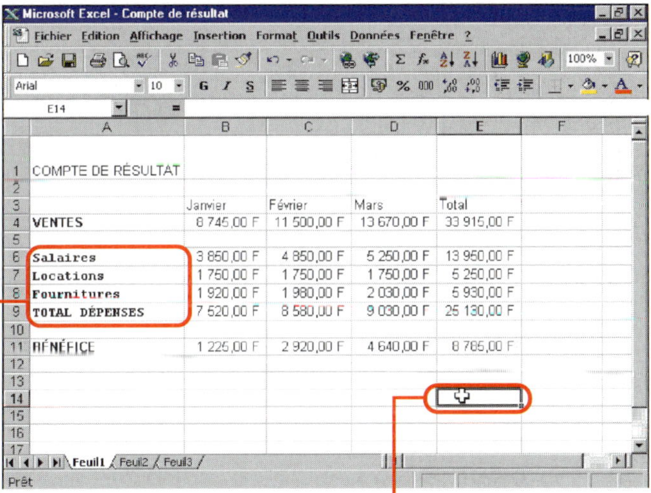

■ Les données adoptent alors la police souhaitée.

■ Pour désélectionner les cellules, cliquez en dehors de la zone sélectionnée.

MODIFIER LA TAILLE DES CARACTÈRES

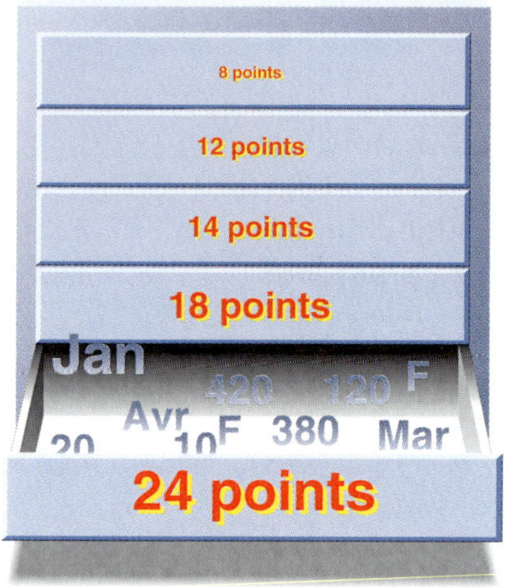

MODIFIER LA TAILLE DES CARACTÈRES

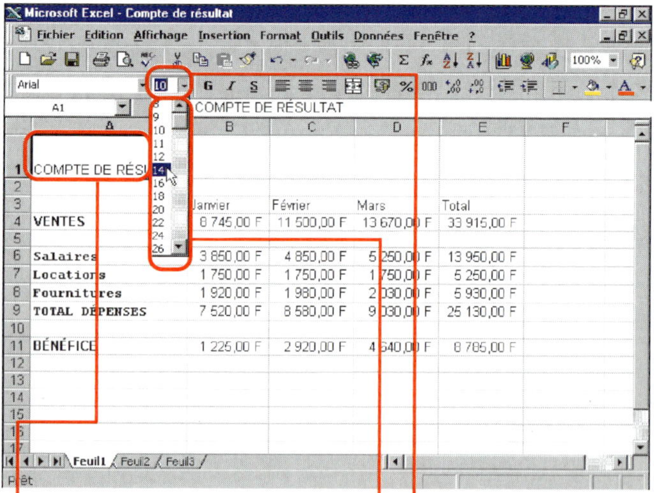

1 Sélectionnez les cellules contenant les données à modifier. Pour sélectionner des cellules, reportez-vous à la page 20.

2 Pour afficher la liste des tailles disponibles, cliquez sur ▾ .

3 Cliquez sur la taille voulue.

Vous pouvez augmenter ou diminuer à votre gré la taille des données d'une feuille de calcul.

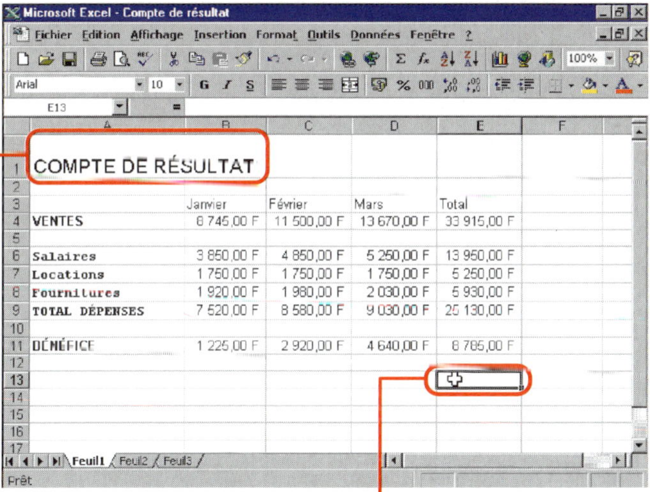

■ Les données adoptent alors la taille choisie.

■ Pour désélectionner les cellules, cliquez en dehors de la zone sélectionnée.

MODIFIER L'ALIGNEMENT DES DONNÉES

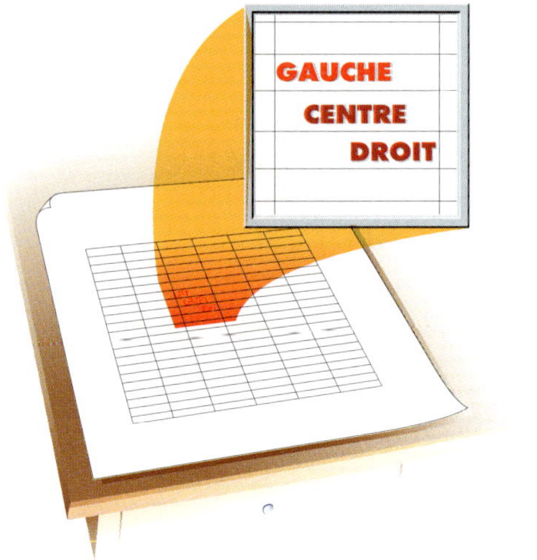

MODIFIER L'ALIGNEMENT DES DONNÉES

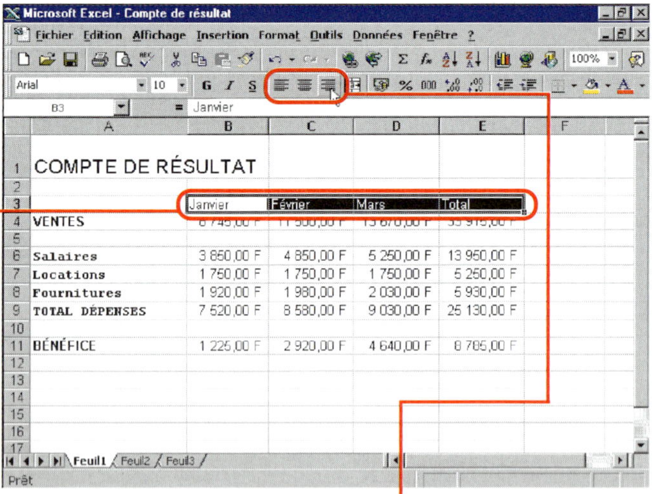

1 Sélectionnez les cellules contenant les données que vous désirez aligner différemment. Pour sélectionner des cellules, reportez-vous à la page 20.

2 Cliquez sur l'une des options suivantes.

- Aligner à gauche
- Centrer
- Aligner à droite

Vous pouvez aisément modifier la disposition des données dans chaque cellule de la feuille de calcul.

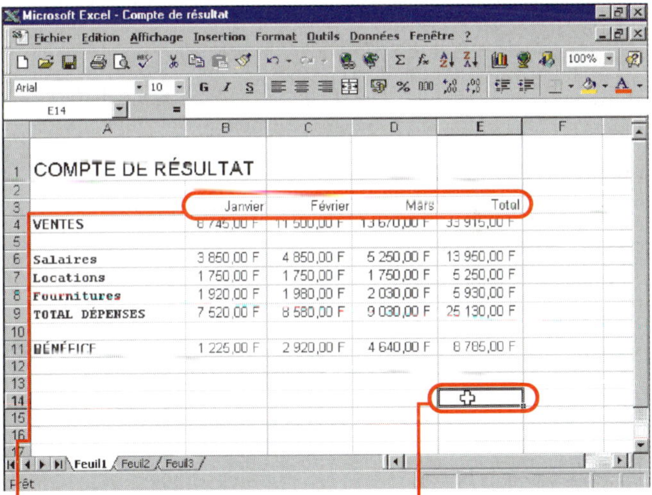

■ Excel aligne alors les données comme vous le souhaitiez.

■ Pour désélectionner les cellules, cliquez en dehors de la zone sélectionnée.

INSÉRER UN RETRAIT

INSÉRER UN RETRAIT

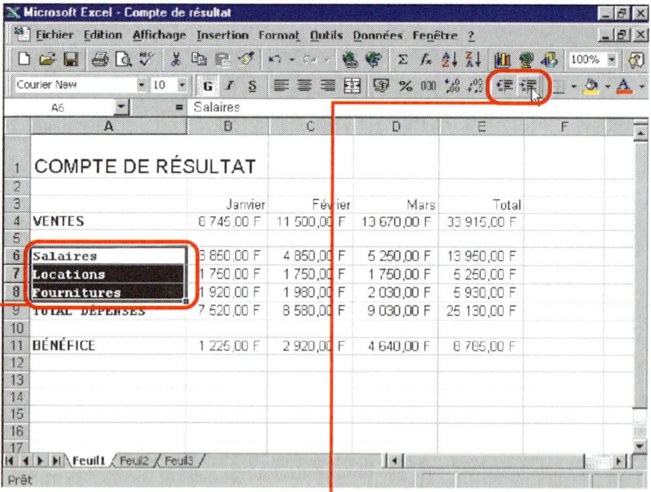

1 Sélectionnez les cellules contenant les données auxquelles vous désirez appliquer un retrait. Pour sélectionner des cellules, reportez-vous à la page 20.

2 Cliquez sur l'une des options suivantes.

- Diminuer le retrait
- Augmenter le retrait

Pour décaler les données de la bordure d'une cellule, vous pouvez utiliser l'option retrait.

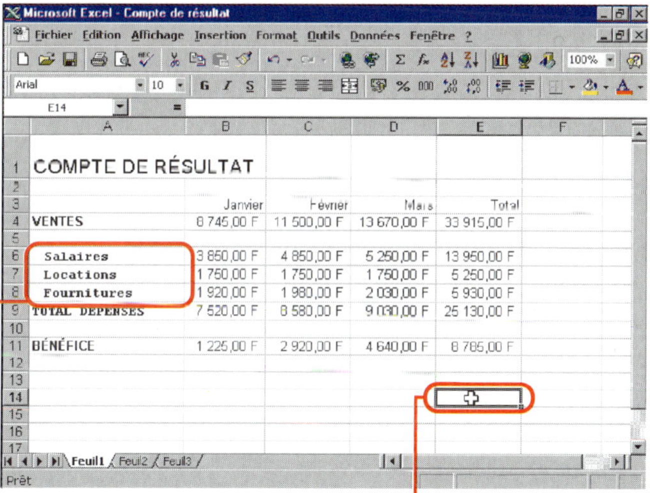

■ Excel applique alors le(s) retrait(s) choisi(s).

■ Pour désélectionner les cellules, cliquez en dehors de la zone sélectionnée.

AJOUTER DES BORDURES

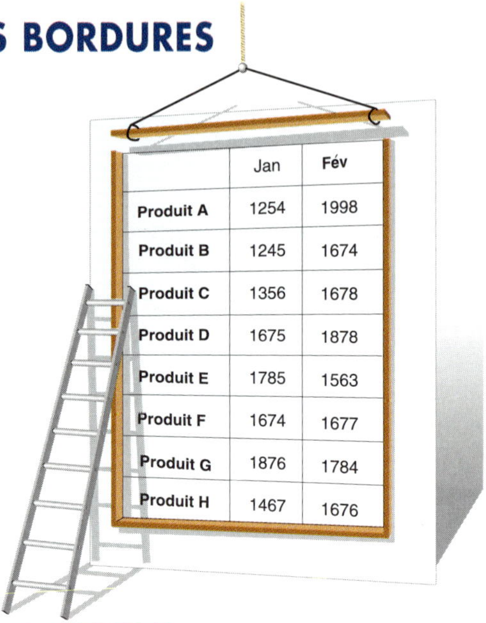

AJOUTER DES BORDURES

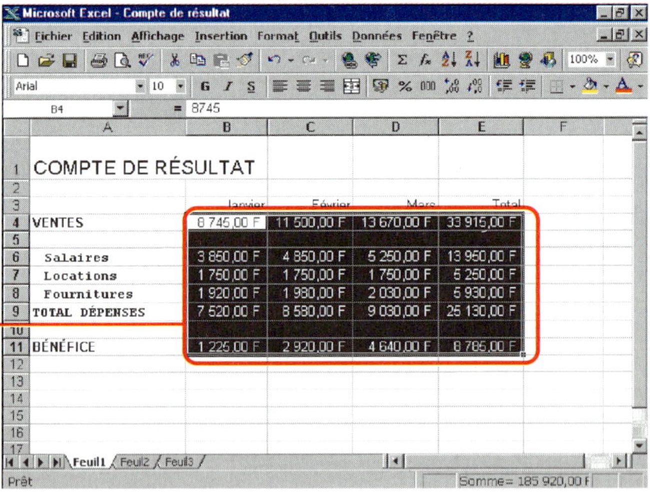

1 Sélectionnez tout d'abord les cellules que vous souhaitez entourer d'une bordure. Pour sélectionner des cellules, reportez-vous à la page 20.

Pour améliorer l'aspect d'une feuille de calcul, vous pouvez y ajouter des bordures.

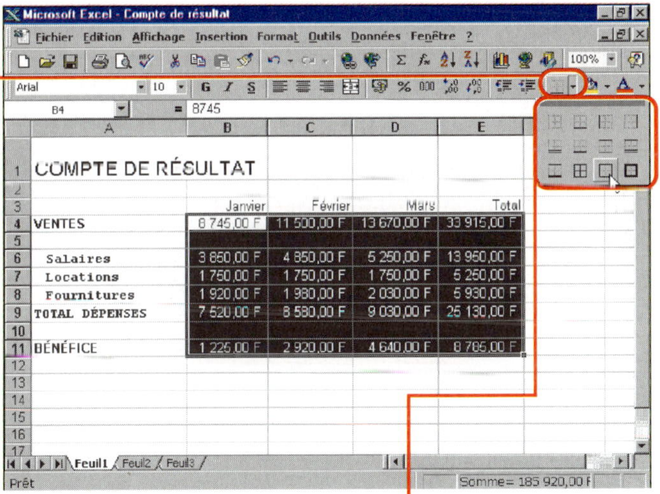

2 Cliquez sur ▾ .

3 Cliquez sur le type de bordure voulu.

AJOUTER DES BORDURES

AJOUTER DES BORDURES (SUITE)

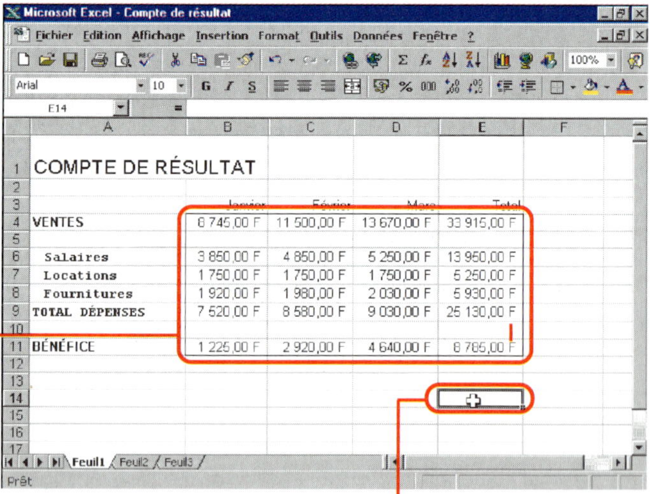

■ La bordure sélectionnée encadre alors les cellules.

■ Pour désélectionner les cellules, cliquez en dehors de la zone sélectionnée.

Plutôt que d'ajouter des bordures à une feuille de calcul, il est possible d'imprimer des lignes claires appelées lignes de quadrillage autour de chaque cellule. Pour imprimer un quadrillage, reportez-vous à la page 166.

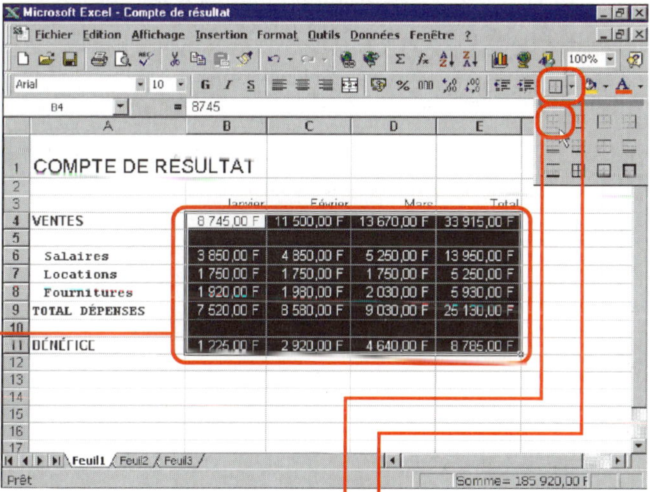

SUPPRIMER DES BORDURES

1 Sélectionnez tout d'abord les cellules autour desquelles vous souhaitez supprimer une bordure.

2 Cliquez sur ▾.

3 Cliquez sur ⊞.

MODIFIER LES COULEURS

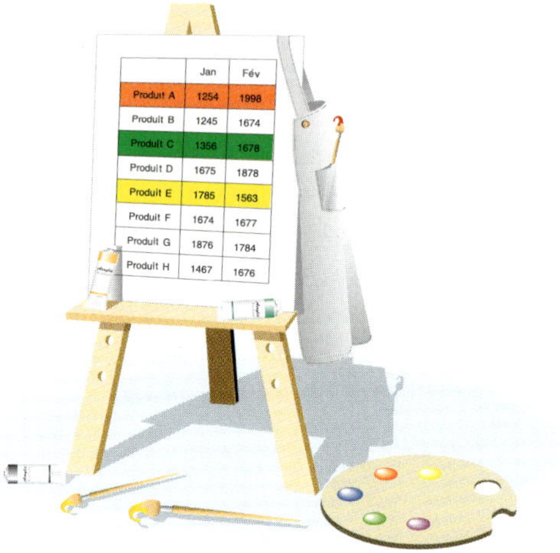

MODIFIER LA COULEUR DES CELLULES

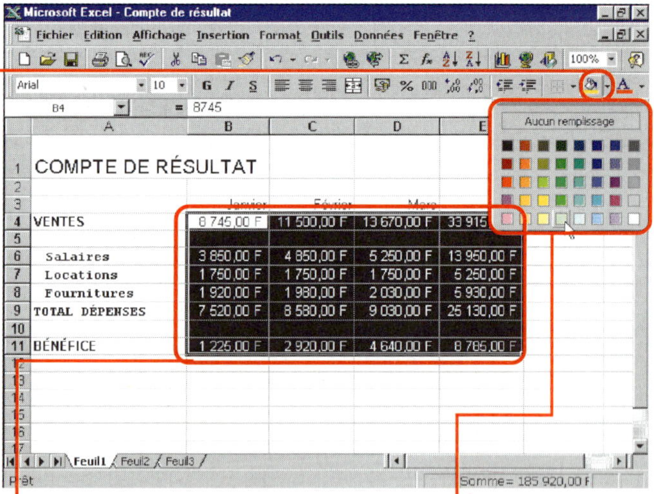

1 Sélectionnez les cellules dont vous souhaitez modifier la couleur.

2 Pour choisir une couleur, cliquez sur ▾.

3 Cliquez sur la couleur souhaitée.

Vous pouvez rendre une feuille de calcul plus attrayante en y ajoutant de la couleur.

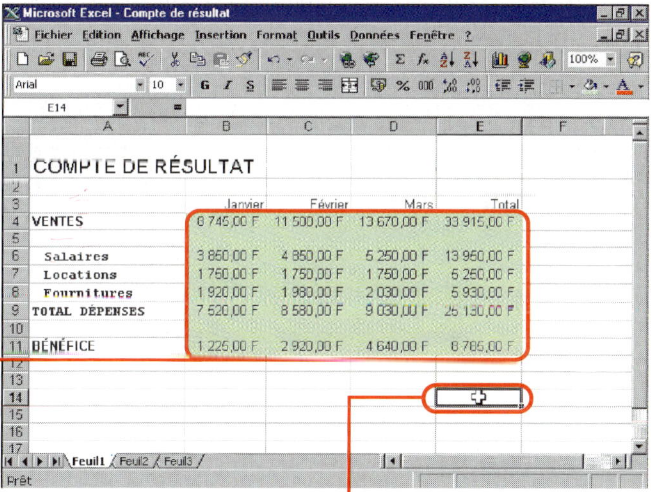

■ Les cellules adoptent la couleur sélectionnée.

SUPPRIMER LA COULEUR DE FOND DES CELLULES

■ Répétez les étapes **1** à **3**, en sélectionnant **Aucun** à l'étape **3**

■ Pour désélectionner les cellules, cliquez en dehors de la zone sélectionnée.

MODIFIER LES COULEURS

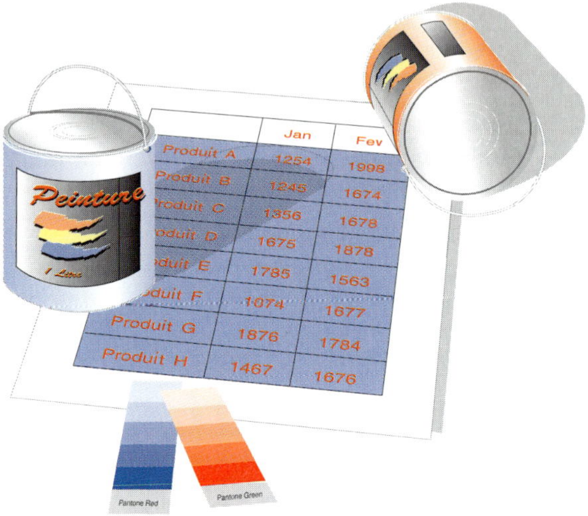

MODIFIER LA COULEUR DES CARACTÈRES

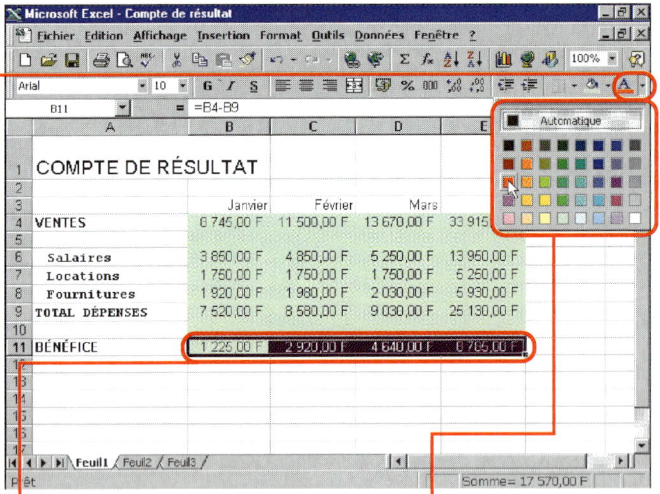

1 Sélectionnez les cellules contenant les données dont vous souhaitez modifier la couleur.

2 Pour choisir une couleur, cliquez sur ▾ .

3 Cliquez sur la couleur souhaitée.

Lorsque vous ajoutez de la couleur à une feuille de calcul, assurez vous que la couleur des cellules et celle des caractères s'harmonisent entre elles.

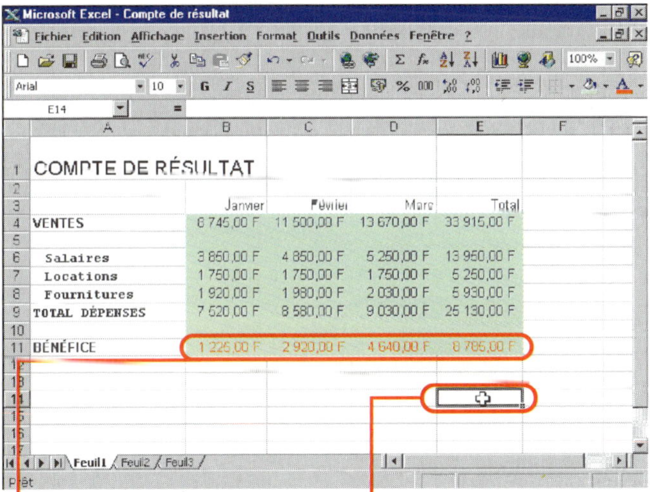

■ Les données adoptent la couleur sélectionnée.

SUPPRIMER LA COULEUR DE FOND DES CARACTÈRES

■ Répétez les étapes **1** à **3**, en choisissant **Automatique** à l'étape **3**.

■ Pour désélectionner les cellules, cliquez en dehors de la zone sélectionnée.

REPRODUIRE LA MISE EN FORME

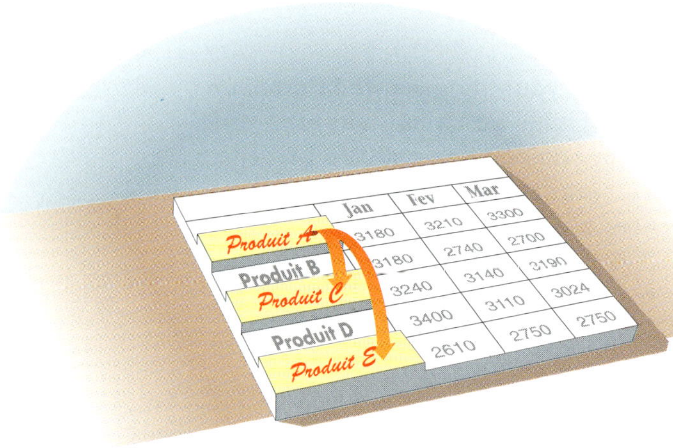

REPRODUIRE LA MISE EN FORME

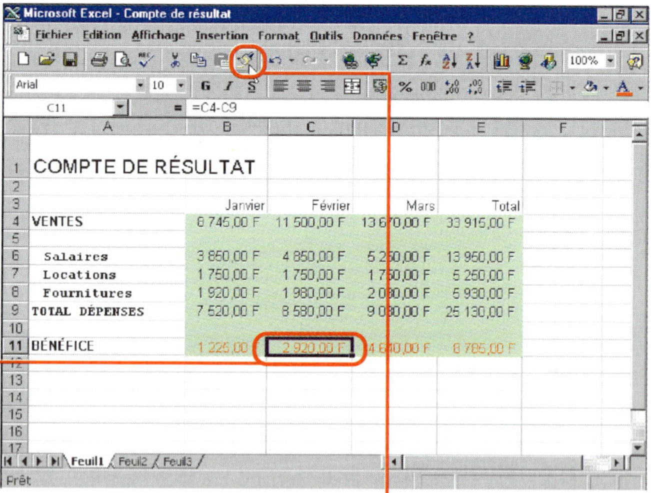

1 Cliquez sur la cellule présentant la mise en forme vous convenant.

2 Cliquez sur [icône] (le pointeur [icône] devient [icône] lorsqu'il est sur la feuille de calcul).

Si vous êtes satisfait de l'aspect d'une des cellules de la feuille de calcul, vous pouvez l'appliquer à d'autres cellules.

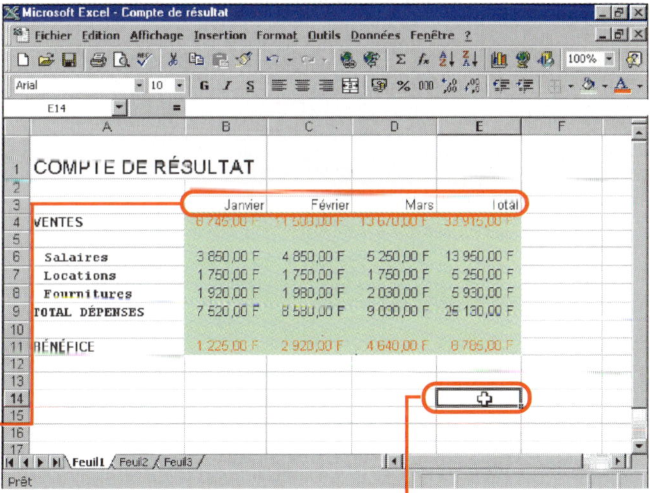

3 Sélectionnez alors les cellules auxquelles vous souhaitez appliquer la mise en forme.

■ Les cellules adoptent la mise en forme choisie.

■ Pour désélectionner les cellules, cliquez en dehors de la zone sélectionnée.

CENTRER DES DONNÉES SUR PLUSIEURS COLONNES

CENTRER DES DONNÉES SUR PLUSIEURS COLONNES

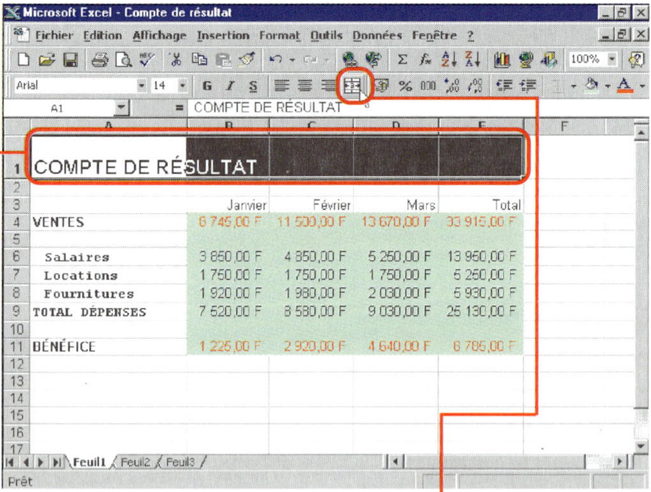

1 Sélectionnez d'abord les cellules sur lesquelles vous souhaitez centrer les données. La première cellule sélectionnée doit contenir le libellé à centrer.

2 Cliquez sur [icône Fusionner et centrer].

Vous pouvez centrer des données sur plusieurs colonnes de la feuille de calcul. Cela se révèle utile pour centrer les titres des documents.

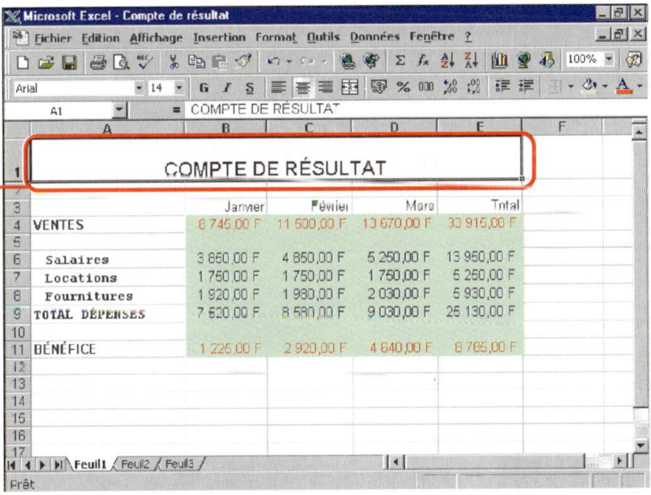

Excel centre alors le libellé sur les cellules sélectionnées.

APPLIQUER RAPIDEMENT UNE MISE EN FORME

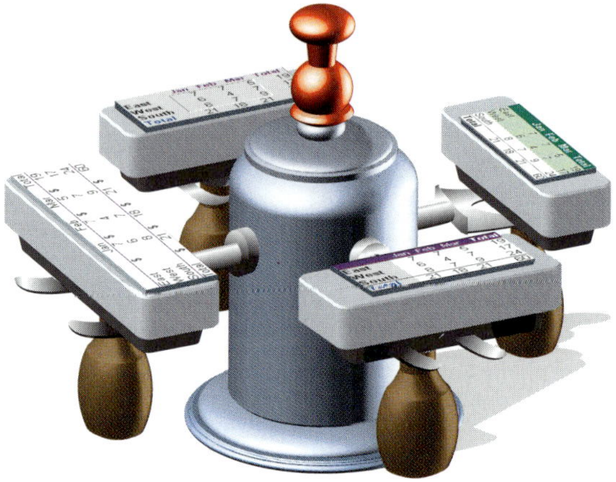

APPLIQUER RAPIDEMENT UNE MISE EN FORME

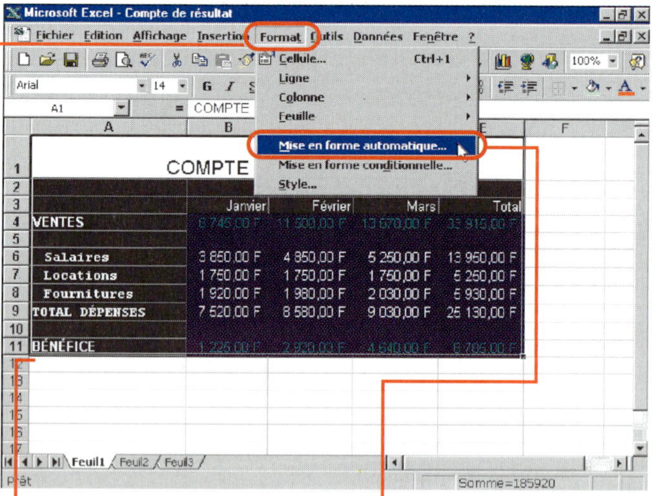

1 Sélectionnez d'abord les cellules auxquelles vous souhaitez appliquer la mise en forme.

2 Cliquez sur **Format**.

3 Cliquez sur **Mise en forme automatique**.

Excel propose de nombreuses mises en formes prêtes à l'emploi parmi lesquelles vous trouverez sûrement celle qui vous convient.

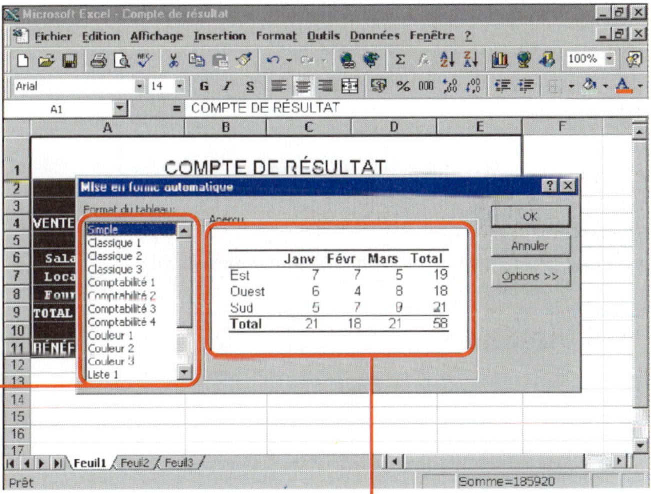

■ La boîte de dialogue **Mise en forme automatique** apparaît.

■ Cette zone affiche une liste des formats de tableau disponibles.

■ Cette autre zone affiche un aperçu du format sélectionné.

APPLIQUER RAPIDEMENT UNE MISE EN FORME

Excel propose quatre mises en forme automatiques.

	Janv	Févr	Mars	Total
Est	7	7	5	19
Ouest	6	4	8	18
Sud	5	7	9	21
Total	21	18	21	58

Liste 2

	Janv	Févr	Mars	**Total**
Est	7	7	5	19
Ouest	6	4	8	18
Sud	5	7	9	21
Total	21	18	21	58

Classique 2

APPLIQUER RAPIDEMENT UNE MISE EN FORME

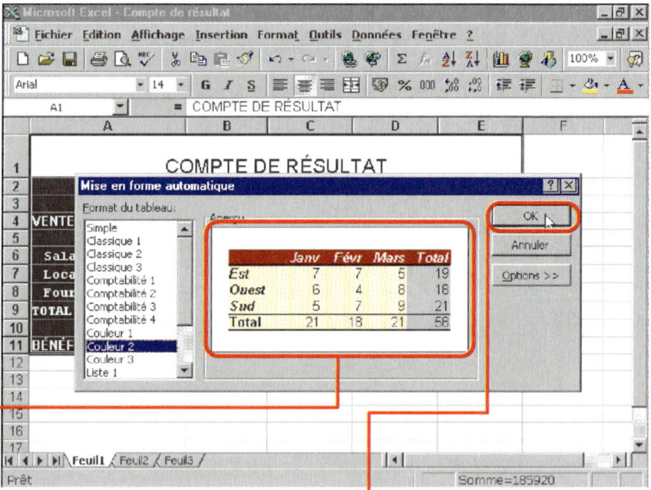

4 Appuyez sur les touches ↓ ou ↑ jusqu'à ce que vous trouviez la mise en forme vous convenant.

5 Pour appliquer la mise en forme aux cellules sélectionnées, cliquez sur **OK**.

	Janv	Févr	Mars	Total
Est	7 F	7 F	5 F	19 F
Ouest	6 F	4 F	8 F	18 F
Sud	5 F	7 F	9 F	21 F
Total	21 F	18 F	21 F	58 F

Comptabilité 2

	Janv	Févr	Mars	Total
Est	7	7	5	19
Ouest	6	4	8	18
Sud	5	7	9	21
Total	21	18	21	58

Effets 3D 1

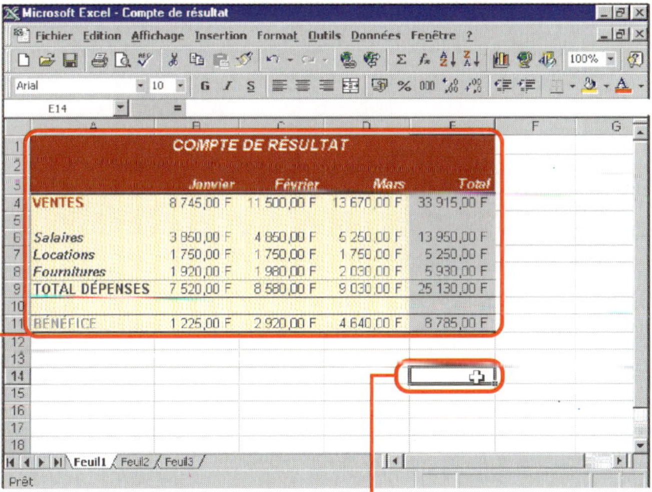

■ Les cellules adoptent alors la mise en forme choisie.

■ Pour désélectionner les cellules, cliquez en dehors de la zone sélectionnée.

ANNULER LA MISE EN FORME AUTOMATIQUE

■ Répétez les étapes **1** à **5** en sélectionnant **Aucun** à l'étape **4**.

OBTENIR UN APERÇU

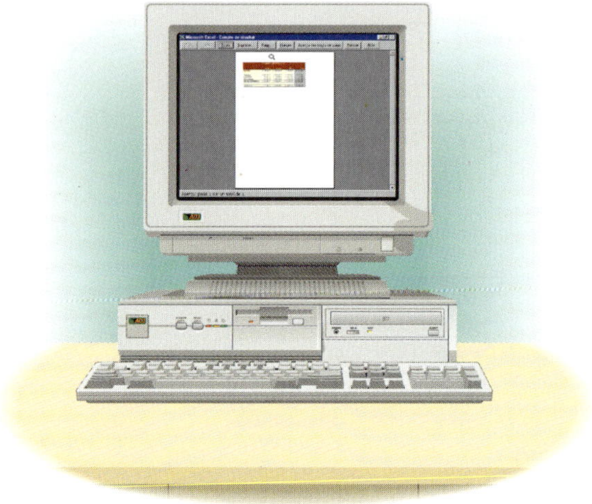

OBTENIR UN APERÇU

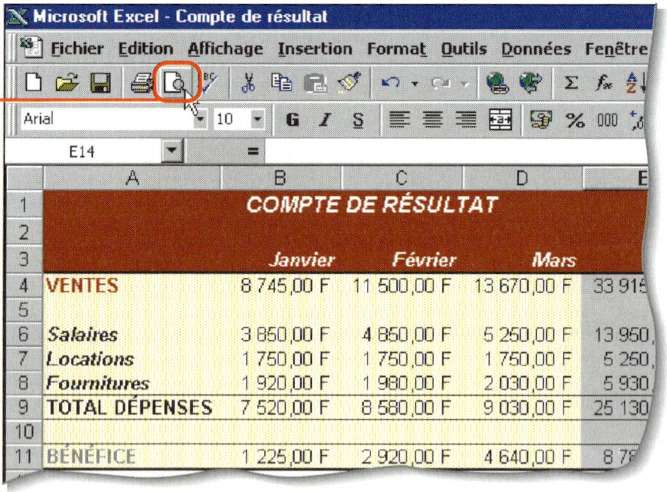

1 Cliquez sur [Aperçu].

■ La fenêtre Aperçu apparaît alors.

Vous pouvez voir à l'écran une feuille de calcul telle qu'elle apparaîtra à l'impression.

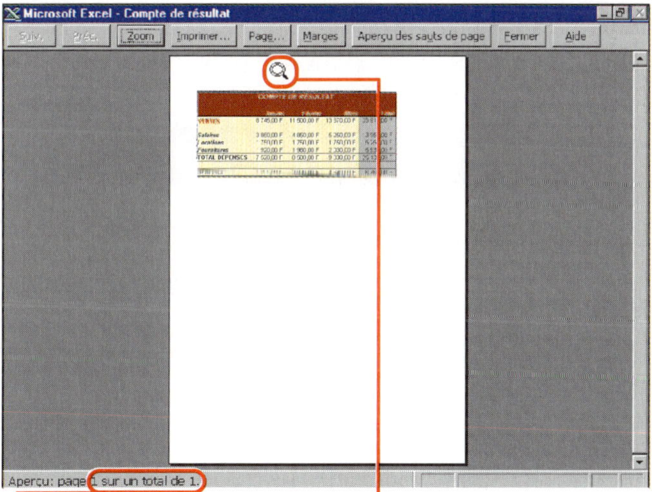

■ Cette zone indique le numéro de la page affichée et le nombre total de pages composant la feuille de calcul.

Note. Si vous possédez une imprimante noir et blanc, Excel affiche alors la page en noir et blanc.

2 Pour agrandir une partie de la page, cliquez sur la zone concernée (le pointeur ↖ devient 🔍).

OBTENIR UN APERÇU

OBTENIR UN APERÇU (SUITE)

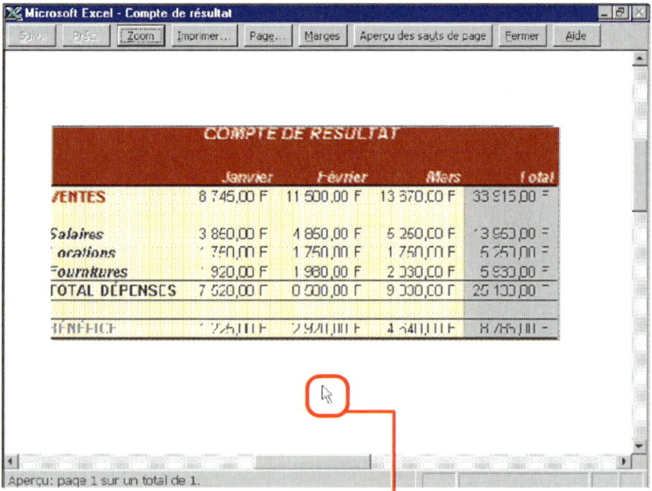

■ Une vue agrandie de la zone apparaît alors.

3 Pour afficher à nouveau la page dans son ensemble, cliquez n'importe où sur la page

Avant l'impression d'une feuille de calcul, il est recommandé d'en faire un aperçu afin de s'assurer que la copie sur papier apparaîtra telle qu'elle est à l'écran. Vérifiez également que l'imprimante est allumée et qu'elle contient bien du papier.

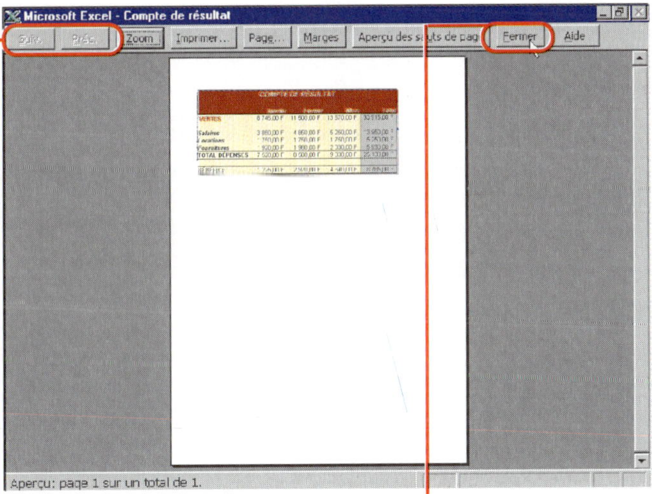

■ Si la feuille de calcul comprend plusieurs pages, cliquez sur une de ces options pour obtenir la page précédente ou la page suivante.

4 Pour fermer la fenêtre Aperçu, cliquez sur **Fermer**.

MODIFIER LES MARGES

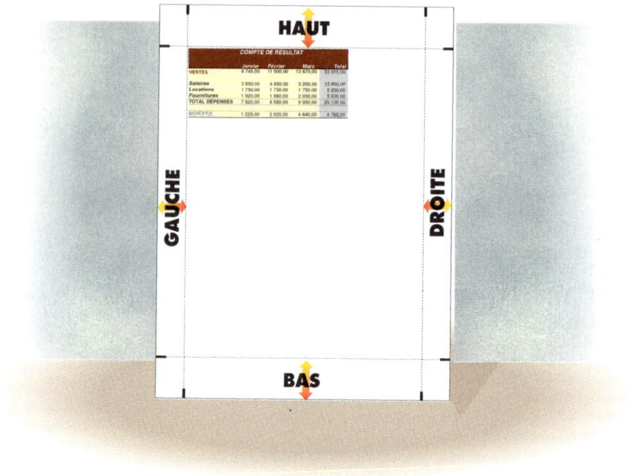

MODIFIER LES MARGES

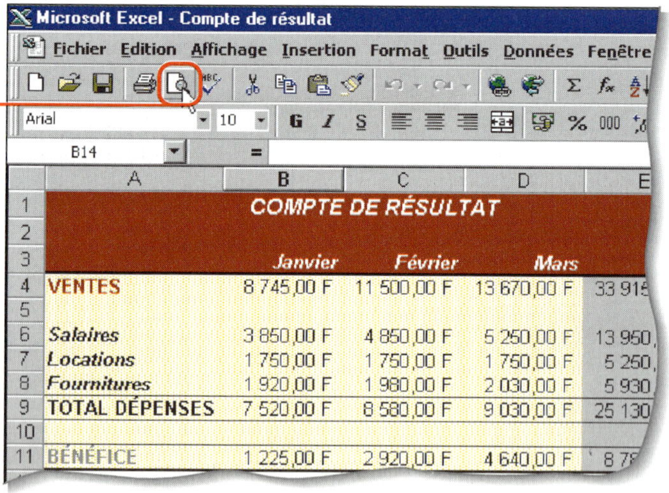

1 Pour afficher la feuille de calcul dans la fenêtre Aperçu, cliquez sur [icône Aperçu].

Une marge correspond à l'espace compris entre les données et le bord de la feuille de papier. Vous pouvez facilement modifier les marges afin de les adapter à vos besoins.

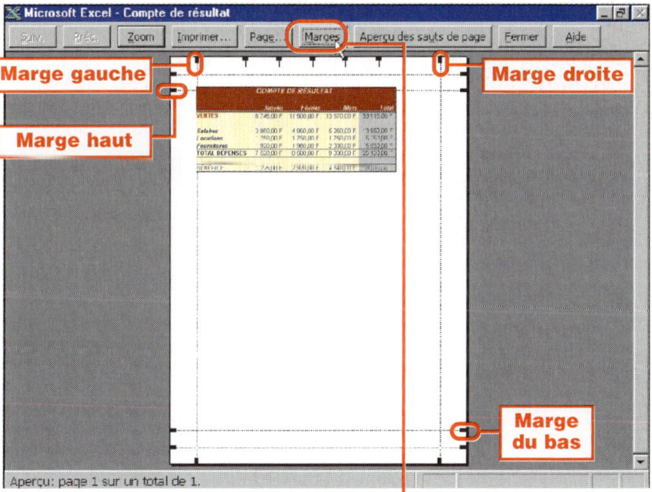

■ La feuille de calcul apparaît alors dans la fenêtre Aperçu. Pour toute information sur l'Aperçu avant impression, reportez-vous à la page 148.

2 Si les marges ne sont pas affichées, cliquez sur **Marges**.

MODIFIER LES MARGES

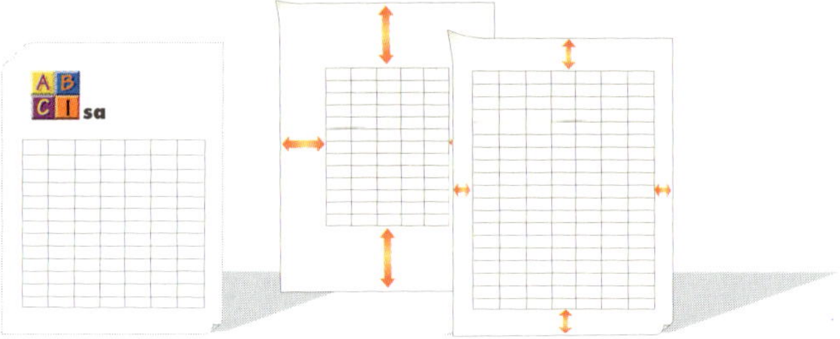

MODIFIER LES MARGES (SUITE)

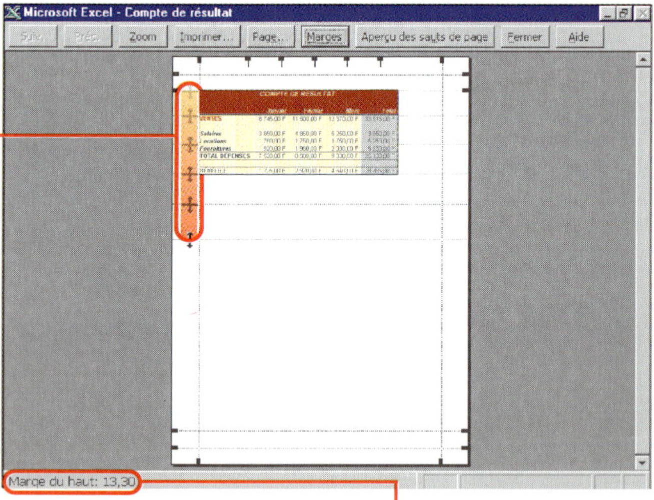

3 Pour modifier une marge, cliquez sur la marge (le pointeur 🔍 devient ‡ ou ↔).

4 Déplacez la marge à l'endroit souhaité. Une ligne matérialise le nouveau positionnement.

■ Lors du déplacement de la marge, cette zone indique la distance en cm entre la marge et le bord de la page.

Modifier les marges permet d'adapter une feuille de calcul à du papier à en-tête ou tout autre papier spécifique. Il est également possible de modifier les marges pour faire apparaître plus ou moins d'informations sur une page.

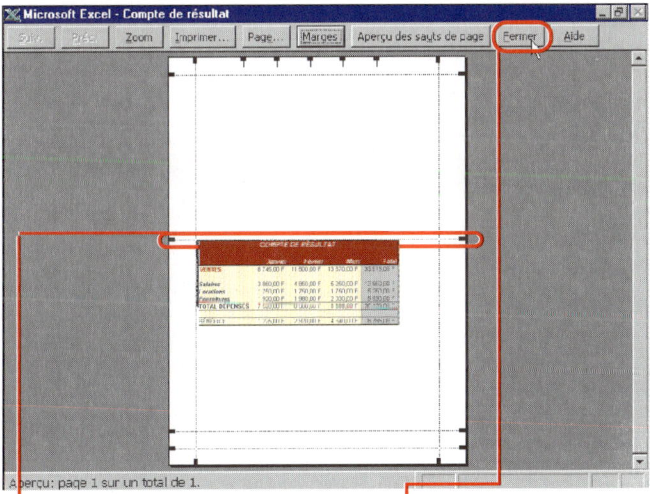

■ La marge adopte alors sa nouvelle position.

5 Répétez les étapes **3** et **4** pour chaque marge à déplacer.

6 Pour fermer la fenêtre Aperçu, cliquez sur **Fermer**.

IMPRIMER UNE FEUILLE DE CALCUL

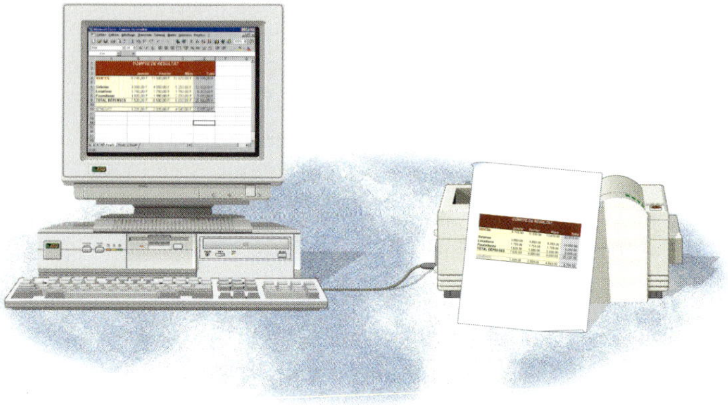

IMPRIMER UNE FEUILLE DE CALCUL

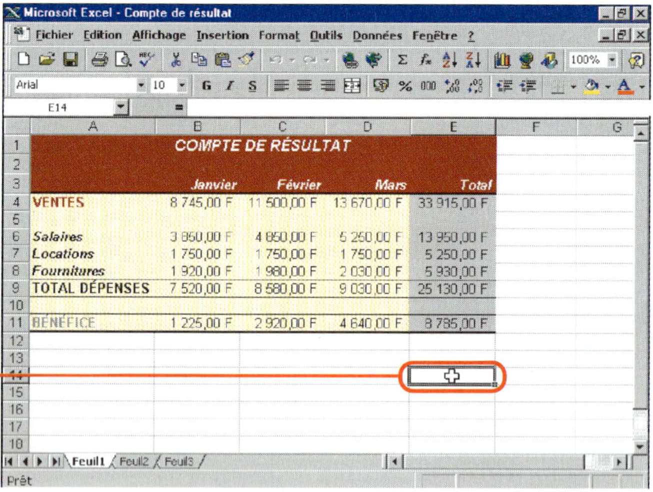

1 Pour imprimer rapidement la feuille de calcul affichée à l'écran, cliquez n'importe quelle cellule de la feuille.

■ Pour imprimer seulement une partie de la feuille de calcul, sélectionnez les cellules à imprimer. Pour sélectionner des cellules, reportez-vous à la page 20.

Vous pouvez obtenir une copie sur papier identique à la feuille de calcul affichée à l'écran.

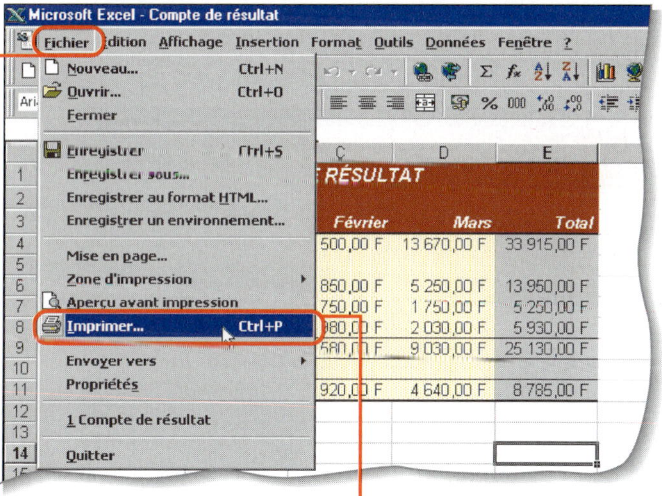

2 Cliquez sur **Fichier**.

3 Cliquez sur **Imprimer**.

■ La boîte de dialogue **Imprimer** apparaît alors.

IMPRIMER UNE FEUILLE DE CALCUL

Excel permet d'imprimer diverses étendues de données.

IMPRIMER UNE FEUILLE DE CALCUL (SUITE)

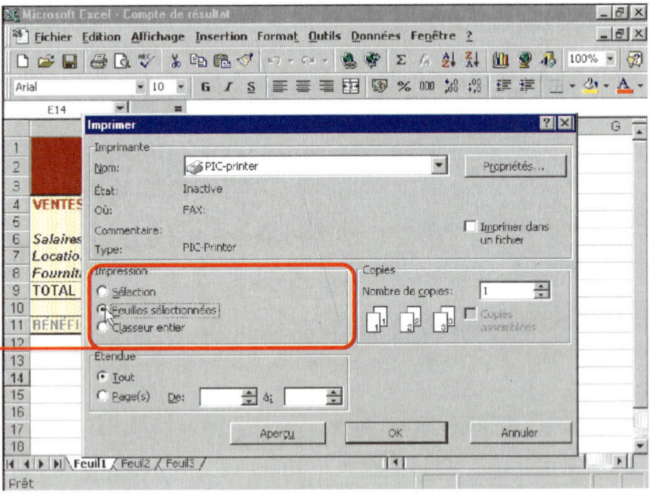

4 Cliquez sur l'option choisie (○ devient ◉).

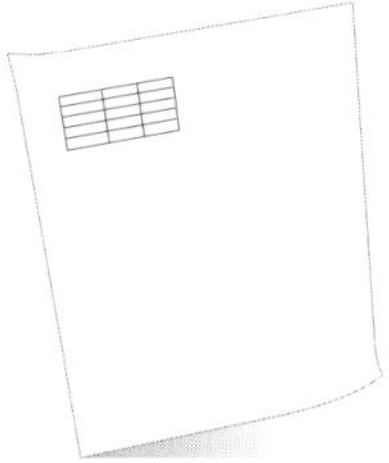

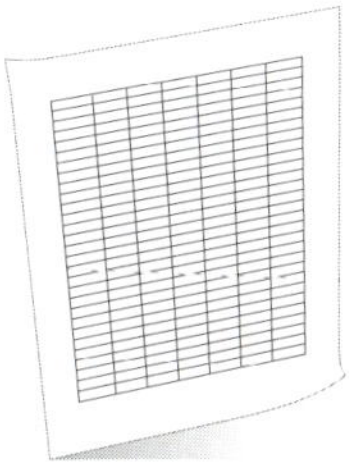

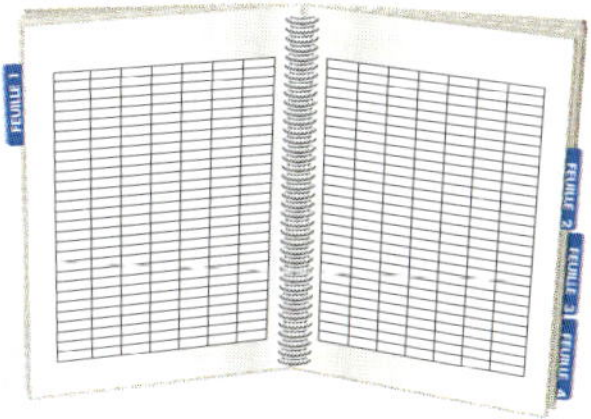

Selection
Imprime les cellules sélectionnées.

Feuilles sélectionnées
Imprime la feuille de calcul toute entière.

Classeur
Imprime l'ensemble des feuilles de calcul du classeur.

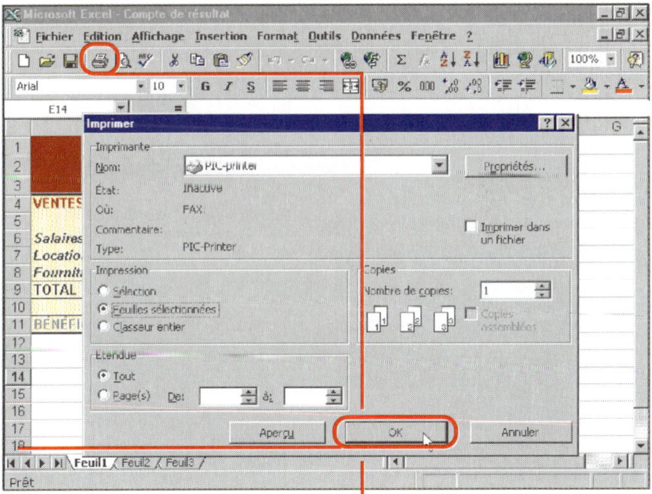

5 Cliquez sur **OK**.

IMPRIMER RAPIDEMENT TOUTE LA FEUILLE

■ Pour imprimer rapidement la feuille de calcul affichée à l'écran, cliquez sur 🖨.

CENTRER DES DONNÉES SUR UNE PAGE

CENTRER DES DONNÉES SUR UNE PAGE

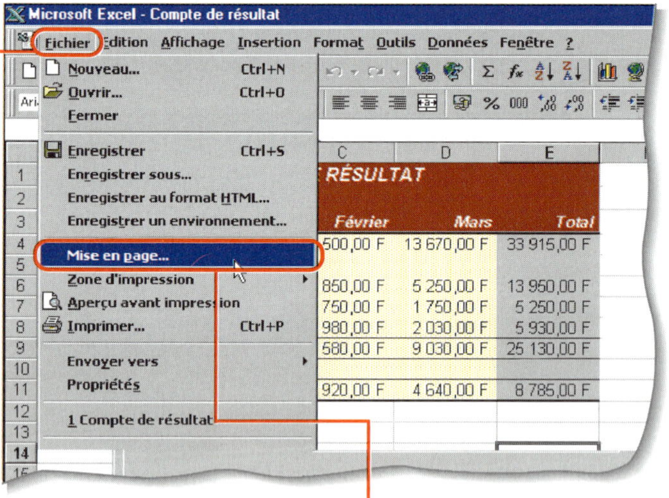

1 Cliquez sur **Fichier**.

2 Cliquez sur **Mise en page**.

■ La boîte de dialogue **Mise en page** apparaît.

Pour une meilleure présentation, vous pouvez centrer des données horizontalement et verticalement sur une page.

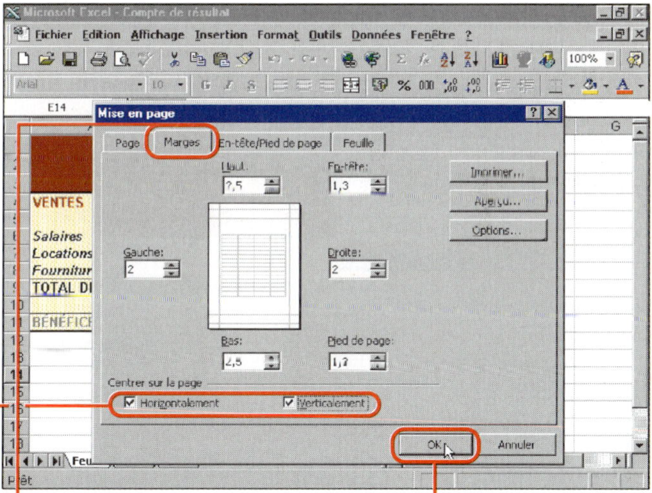

3 Cliquez sur l'onglet **Marges**.

4 Cliquez sur l'option souhaitée (la case ☐ devient ☑). Vous pouvez sélectionner les deux options de centrage si vous le désirez.

5 Cliquez sur **OK**.

MODIFIER L'ORIENTATION DE LA PAGE

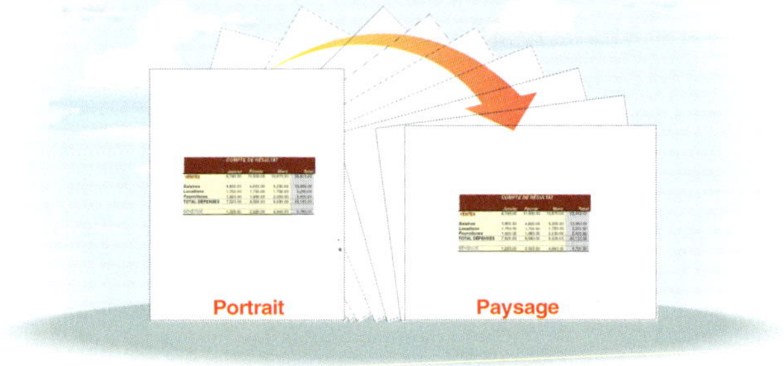

MODIFIER L'ORIENTATION DE LA PAGE

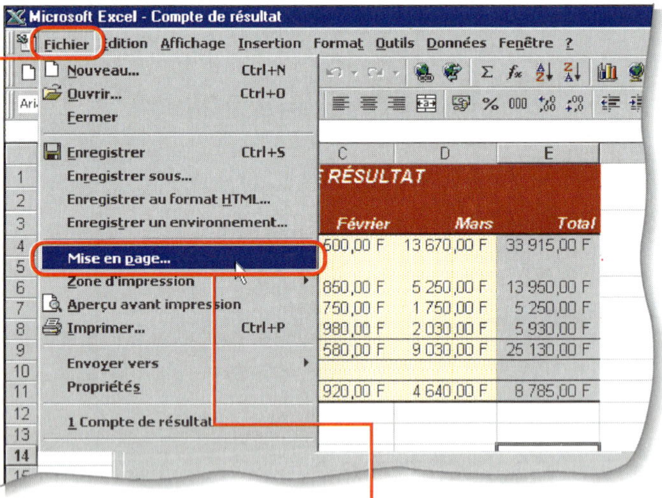

1 Cliquez sur **Fichier**.

2 Cliquez sur **Mise en page**.

■ La boîte de dialogue **Mise en page** apparaît.

Si votre feuille de calcul est trop large pour s'imprimer sur une page, vous pouvez en modifier l'orientation.

L'orientation «paysage» est idéale pour l'impression d'une large feuille de calcul.

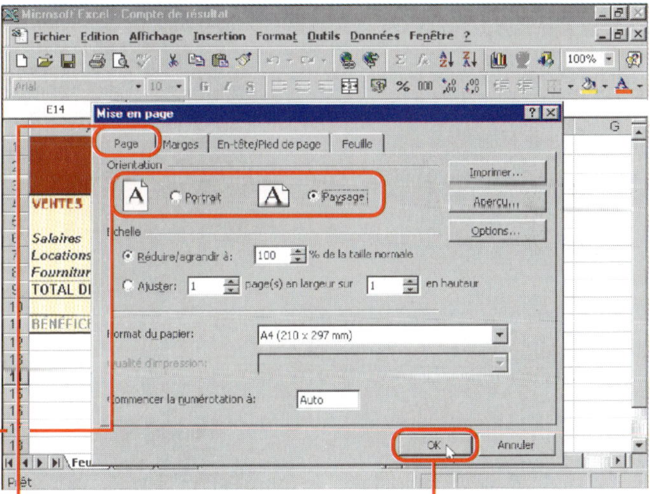

3 Cliquez sur l'onglet **Page**.

4 Cliquez sur l'orientation souhaitée (○ devient ◉).

5 Cliquez sur **OK**.

MODIFIER LES OPTIONS D'IMPRESSION

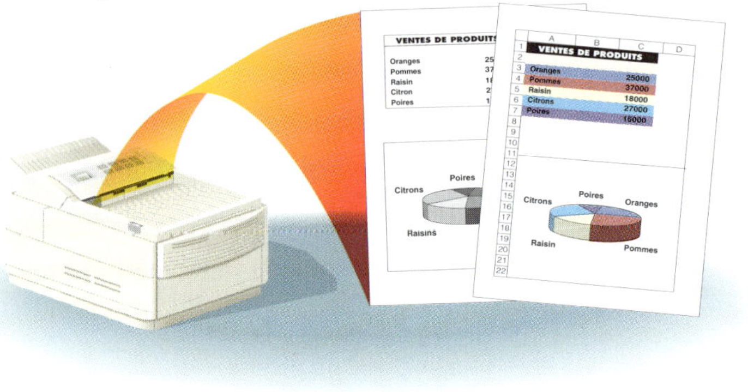

MODIFIER LES OPTIONS D'IMPRESSION

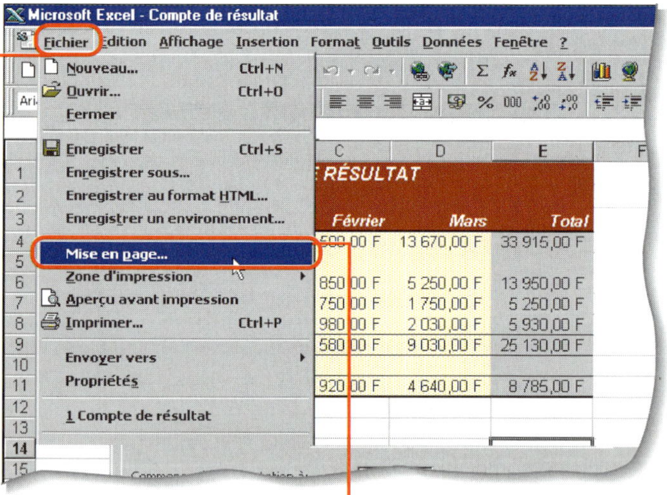

1 Cliquez sur **Fichier**.

2 Cliquez sur **Mise en page**.

Vous pouvez modifier la présentation d'une feuille de calcul juste avant son impression.

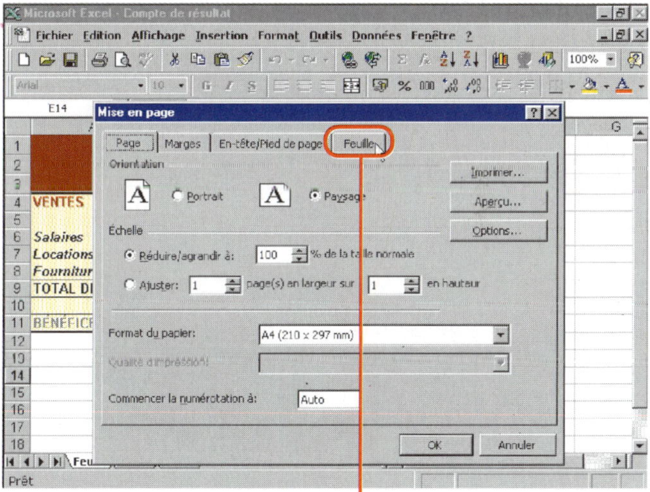

■ La boîte de dialogue **Mise en page** apparaît.

3 Cliquez sur l'onglet **Feuille**.

MODIFIER LES OPTIONS D'IMPRESSION

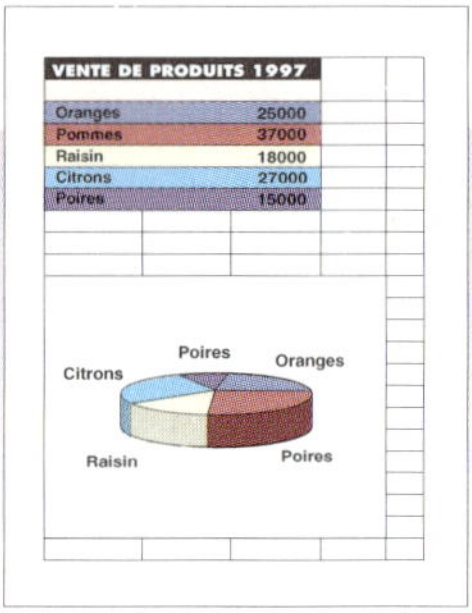

Quadrillage

Imprime les lignes séparant les cellules de la feuille de calcul.

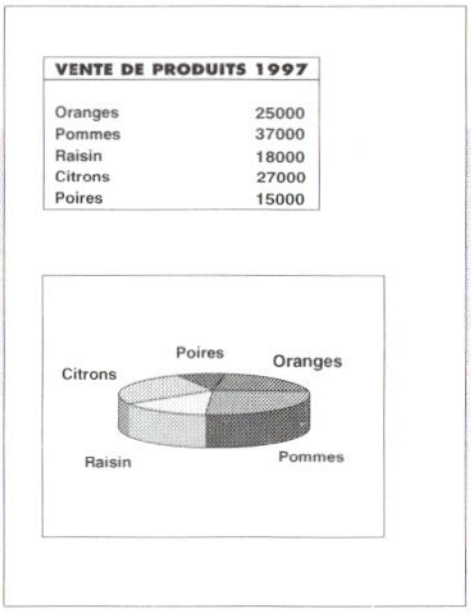

En noir et blanc

Imprime la feuille de calcul en noir et blanc.

MODIFIER LES OPTIONS D'IMPRESSION (SUITE)

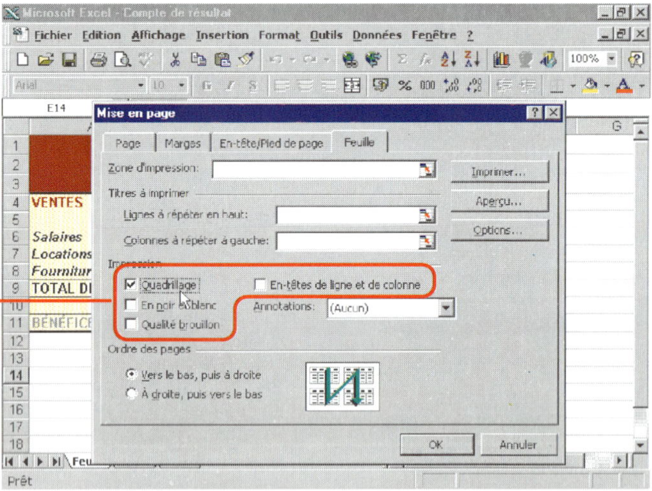

4 Cliquez sur l'option choisie (☐ devient ☑).

Note. Pour plus d'information sur les options d'impression, reportez-vous ci-dessus.

5 Répétez l'étape **4** pour chaque option d'impression à sélectionner.

Qualité brouillon

Les lignes des tableaux et la plupart des graphiques ne sont pas imprimés. Le temps d'impression est écourté.

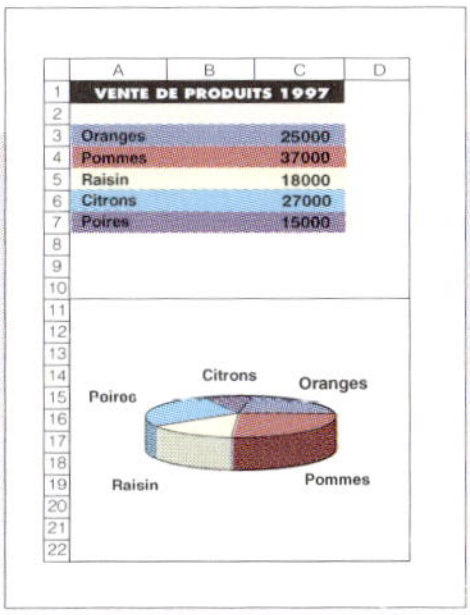

En-tête de lignes et de colonnes

Imprime les en-têtes de lignes (chiffres) et de colonnes (lettres) tels qu' à l'écran.

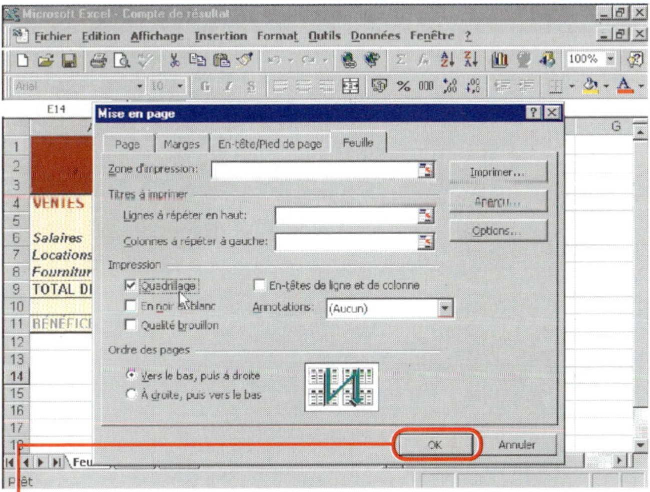

6 Cliquez sur **OK**.

■ Les options d'impression que vous avez sélectionnées modifient uniquement la manière dont la feuille de calcul apparaît à l'impression. Elles n'affectent pas l'affichage de cette même feuille à l'écran.

INSÉRER UN SAUT DE PAGE

AFFICHER LES SAUTS DE PAGE

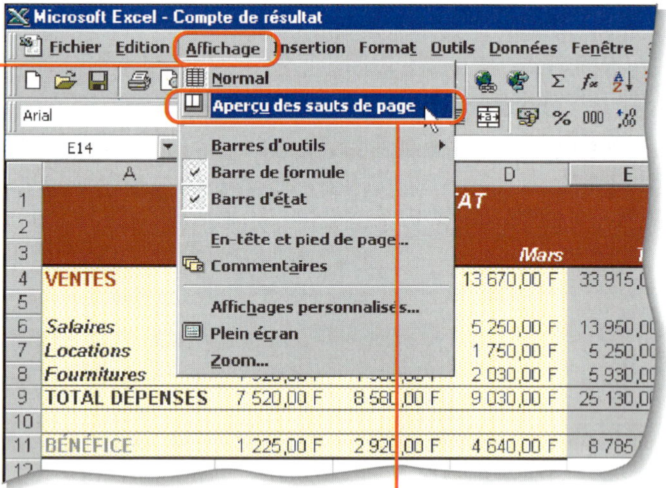

1 Pour afficher les sauts de page dans une feuille de calcul, cliquez sur **Affichage**.

2 Cliquez sur **Aperçu des sauts de page**.

Pour débuter une nouvelle page à un endroit précis d'un document, vous pouvez insérer un saut de page. Il indique la fin d'une page et le début de la suivante.

Lorsque vous avez terminé de saisir une page entière de données, Excel en débute automatiquement une autre en insérant un saut de page.

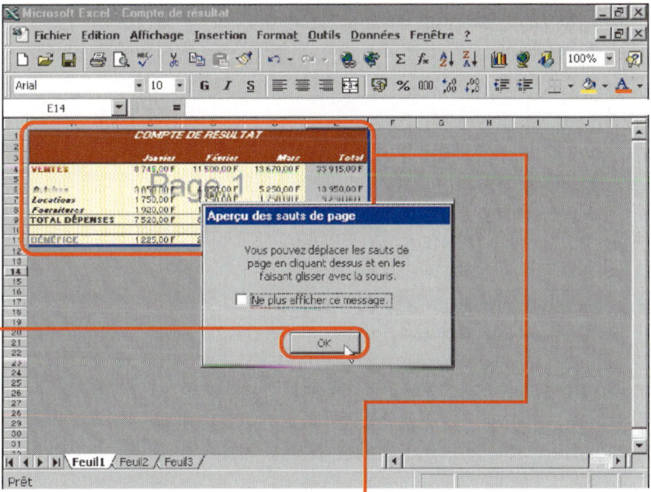

■ La boîte de dialogue **Aperçu des sauts de page** apparaît.

3 Pour fermer la boîte de dialogue, cliquez sur **OK**.

■ La ligne bleue définit l'endroit du saut de page sur la feuille de calcul.

*Note. Pour revenir à un affichage normal, répétez les étapes **1** et **2**, en choisissant **Normal** à l'étape **2**.*

INSÉRER UN SAUT DE PAGE

Vous pouvez déplacer un saut de page à votre convenance.

INSÉRER UN SAUT DE PAGE

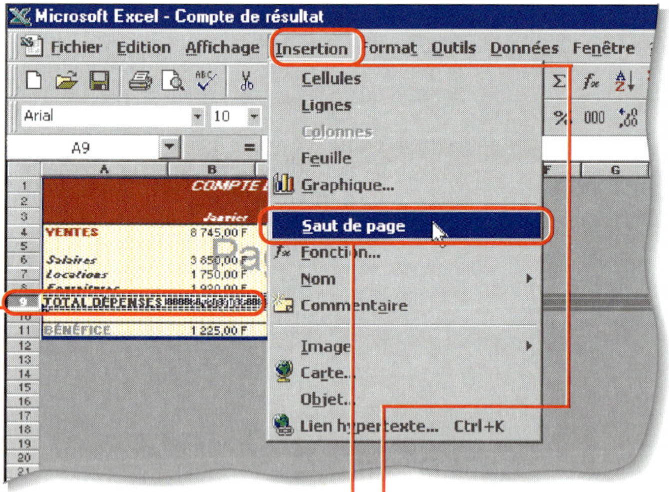

1 Avant d'insérer le saut de page, sélectionnez la ligne ou la colonne à placer en début de la nouvelle page. Pour sélectionner une ligne ou une colonne, reportez-vous à la page 22.

2 Cliquez sur **Insertion**.

3 Cliquez sur **Saut de page**.

1 Pour déplacer un saut de page, placez le pointeur sur la ligne définissant le saut de page (✥ devient ↕ ou ↔).

2 Déplacez le saut de page vers un emplacement différent.

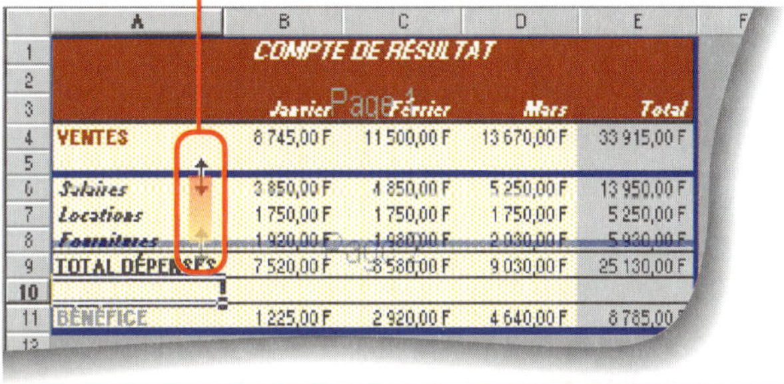

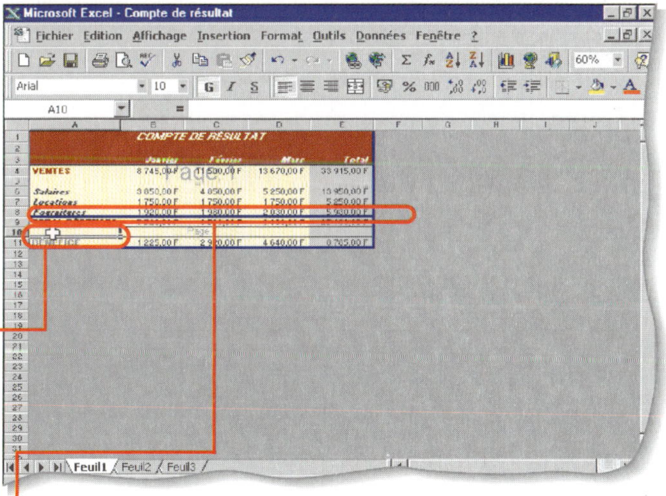

■ Une ligne apparaît alors à l'écran.

■ Pour désélectionner une ligne ou une colonne, cliquez sur n'importe quelle cellule.

SUPPRIMER UN SAUT DE PAGE

■ Sélectionnez la ligne juste en dessous ou la colonne juste à droite de la ligne indiquant le saut de page. Répétez les étapes **2** et **3**, en sélectionnant **Supprimer le saut de page** à l'étape **3**.

PASSER D'UNE FEUILLE À UNE AUTRE

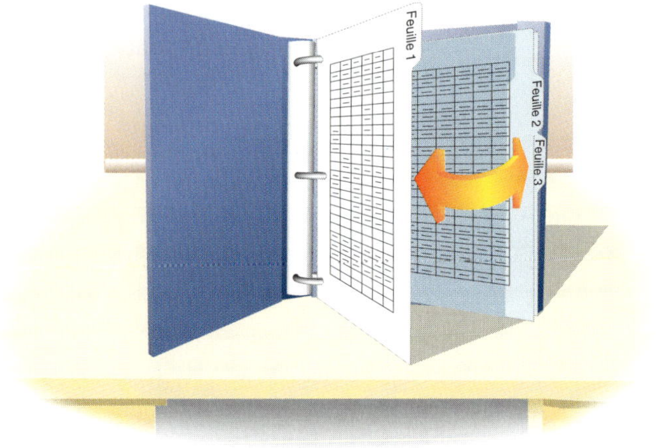

PASSER D'UNE FEUILLE À UNE AUTRE

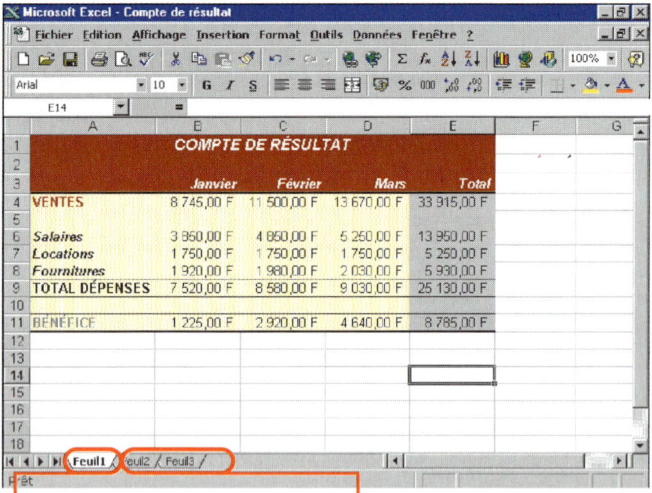

■ La feuille de calcul affichée à l'écran est indiquée par un onglet blanc.

■ Les autres feuilles de calcul du classeur présentent des onglets gris. Le contenu de ces feuilles de calcul n'est pas visible.

La feuille de calcul affichée à l'écran dissimule les autres feuilles du classeur. Mais vous pouvez aisément passer de l'une à l'autre grâce aux onglets.

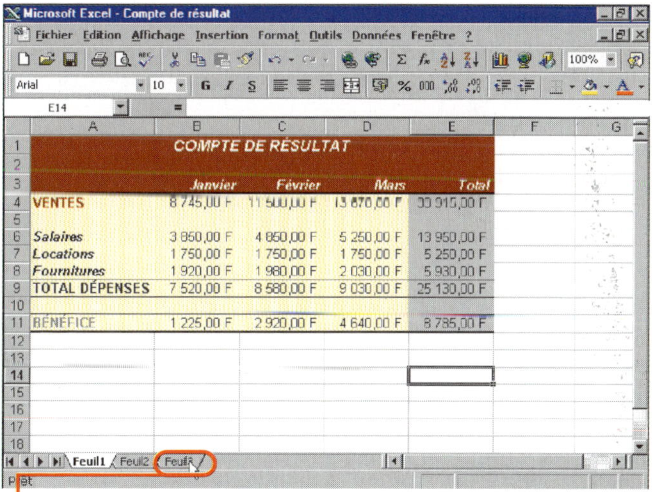

1 Pour afficher le contenu d'une feuille de calcul, cliquez sur l'onglet représentant la feuille.

PASSER D'UNE FEUILLE À UNE AUTRE

PASSER D'UNE FEUILLE À UNE AUTRE (SUITE)

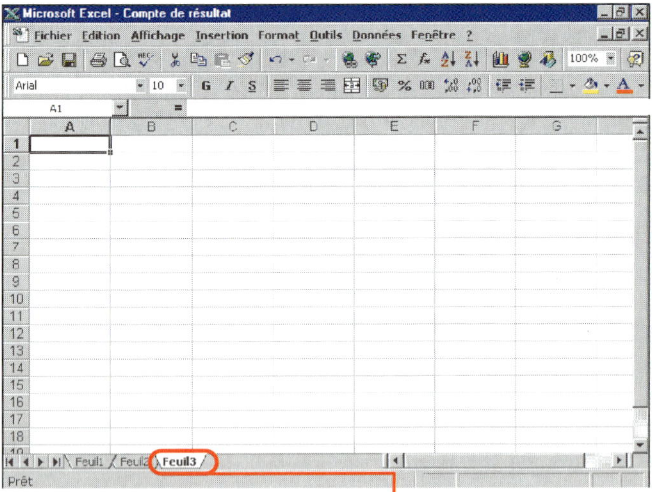

■ Le contenu de la feuille de calcul choisie apparaît alors. Il dissimule le contenu des autres feuilles.

■ La feuille de calcul sélectionnée présente alors un onglet blanc.

Les feuilles de calcul permettent d'organiser des informations regroupées dans un seul fichier appelé classeur. Par exemple, les informations concernant chaque service d'une société peuvent être enregistrées sur des feuilles de calcul distinctes.

FEUILLETER UN CLASSEUR GRÂCE AUX ONGLETS

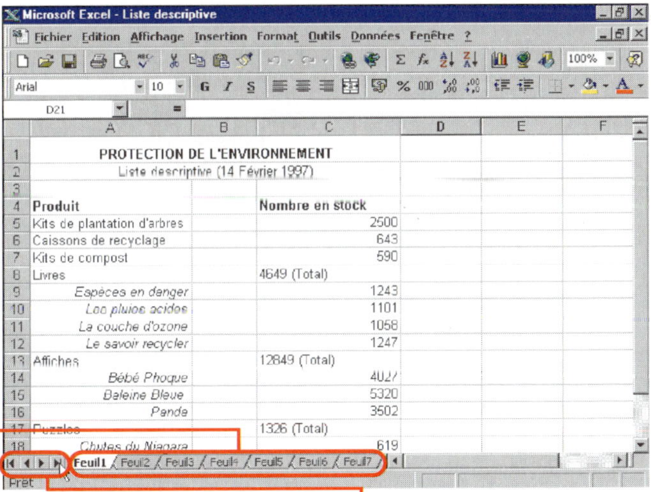

■ Si un classeur contient de nombreuses feuilles de calcul, il se peut que tous les onglets ne soient affichés.

1 Pour feuilleter un classeur, cliquez sur :

- [|◄] Affiche le premier onglet
- [◄] Affiche l'onglet précédent
- [►] Affiche l'onglet suivant
- [►|] Affiche le dernier onglet

INSÉRER UNE FEUILLE DE CALCUL

INSÉRER UNE FEUILLE DE CALCUL

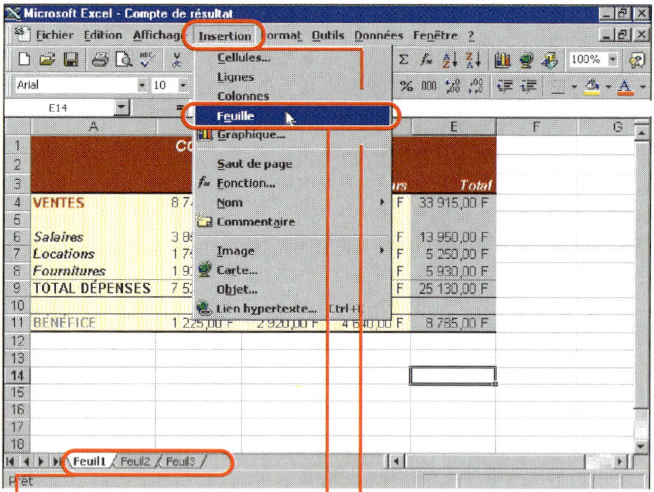

1 Cliquez sur l'onglet de la feuille que vous souhaitez voir apparaître après la nouvelle feuille.

2 Cliquez sur **Insertion**.

3 Cliquez sur **Feuille**.

Vous pouvez insérer une nouvelle feuille de calcul afin d'ajouter des informations dans un classeur.

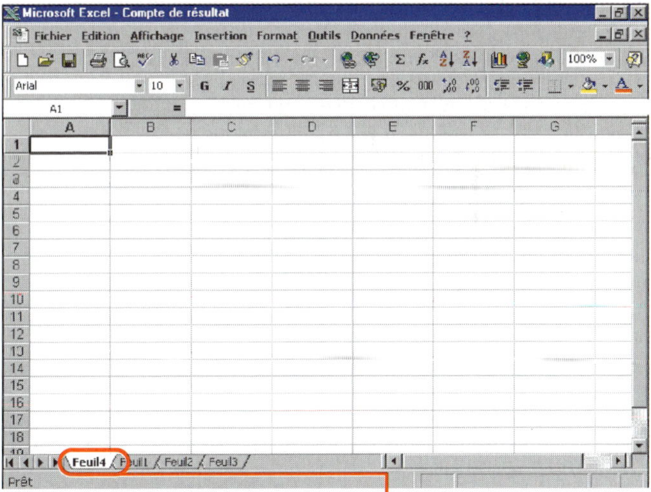

■ La nouvelle feuille de calcul apparaît alors.

■ Cette zone affiche l'onglet de la nouvelle feuille.

SUPPRIMER UNE FEUILLE DE CALCUL

SUPPRIMER UNE FEUILLE DE CALCUL

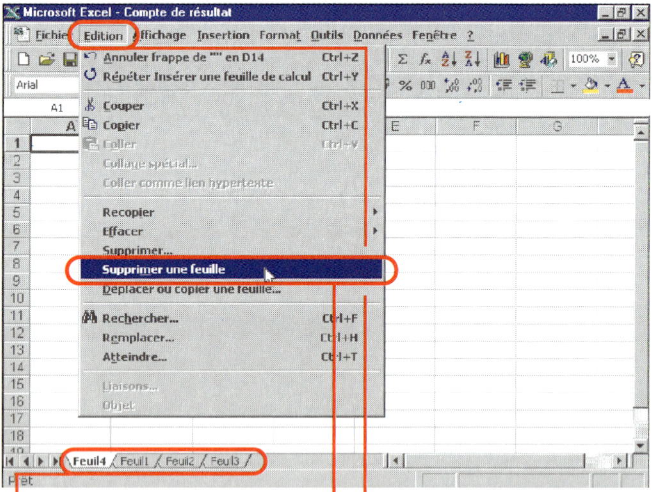

1 Cliquez sur l'onglet de la feuille de calcul à supprimer.

2 Cliquez sur **Edition**.

3 Cliquez sur **Supprimer une feuille**.

Vous pouvez supprimer définitivement une feuille de calcul dont vous n'avez plus besoin.

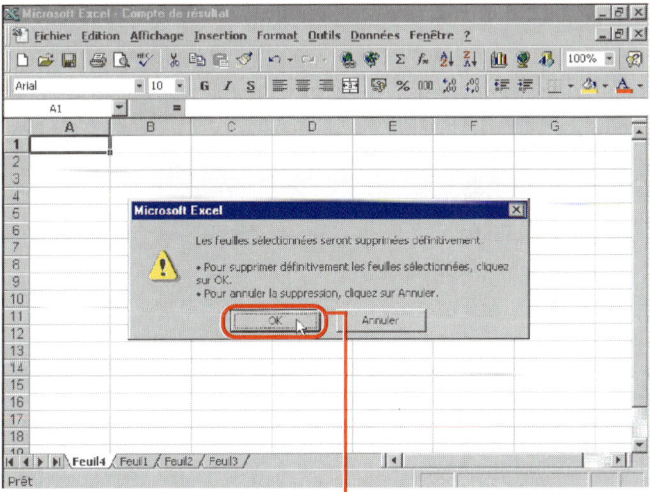

■ Une boîte de dialogue de mise en garde apparaît alors.

4 Pour supprimer définitivement la feuille de calcul, cliquez sur **OK**.

RENOMMER UNE FEUILLE DE CALCUL

RENOMMER UNE FEUILLE DE CALCUL

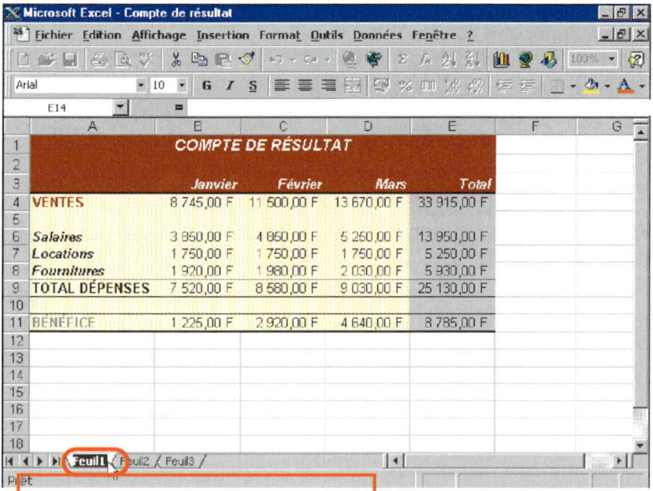

1 Double-cliquez sur l'onglet de la feuille de calcul à renommer.

■ Le nom actuel de la feuille est sélectionné.

Vous pouvez nommer chaque feuille de calcul d'une manière particulière. Cela vous aidera à vous souvenir du contenu de chaque feuille.

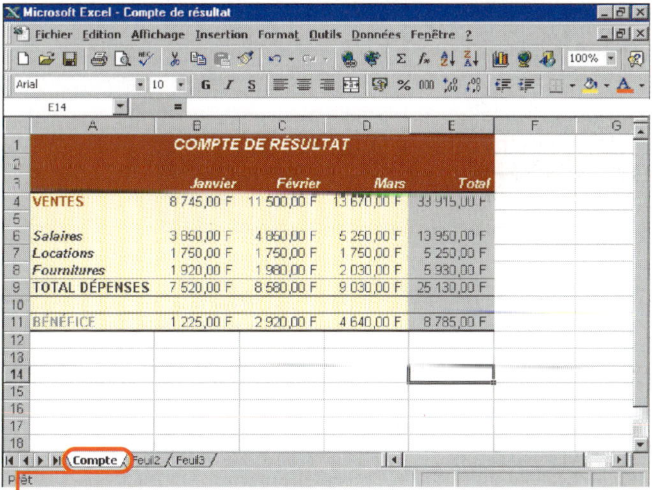

2 Saisissez ensuite le nouveau nom, puis appuyez sur la touche Entrée . Un nom de feuille de calcul peut contenir jusqu'à 31 caractères, espaces compris.

DÉPLACER UNE FEUILLE DE CALCUL

DÉPLACER UNE FEUILLE DE CALCUL

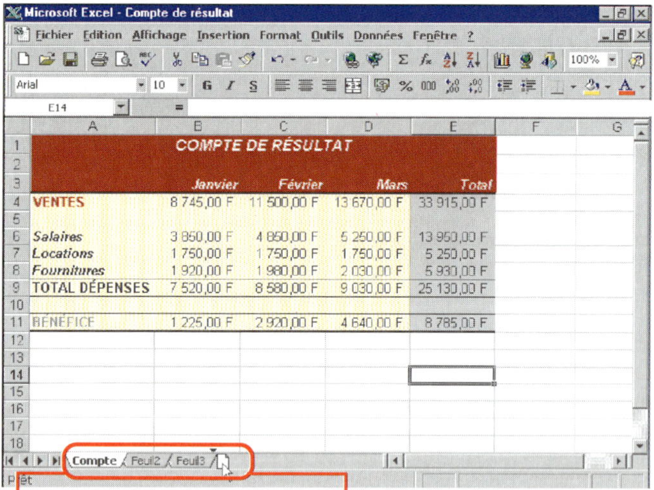

1 Placez le pointeur sur l'onglet de la feuille de calcul à déplacer.

2 Déplacez la feuille vers son nouvel emplacement.

■ Une flèche (▾) indique l'endroit où apparaîtra la feuille de calcul.

Vous pouvez déplacer une feuille de calcul vers un emplacement différent du classeur. Cela vous permet de réorganiser les informations à votre gré.

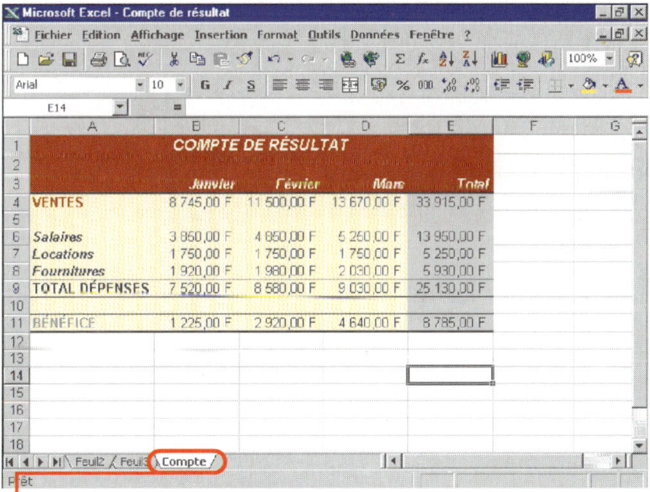

■ La feuille de calcul s'affiche alors à l'endroit choisi.

CRÉER UN GRAPHIQUE

CRÉER UN GRAPHIQUE

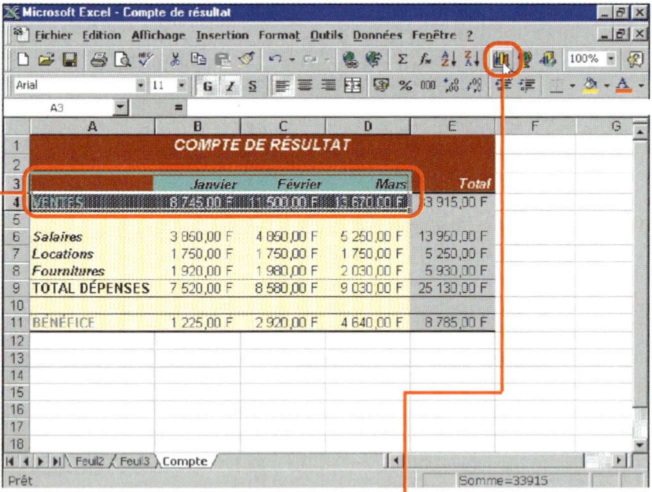

1 Sélectionnez les cellules contenant les données à inclure dans un graphique, sans oublier les titres des lignes et des colonnes. Pour sélectionner des cellules, reportez-vous à la page 20.

2 Cliquez sur .

■ La boîte de dialogue **Assistant graphique** apparaît.

Vous pouvez créer un graphique à partir des données de la feuille de calcul.

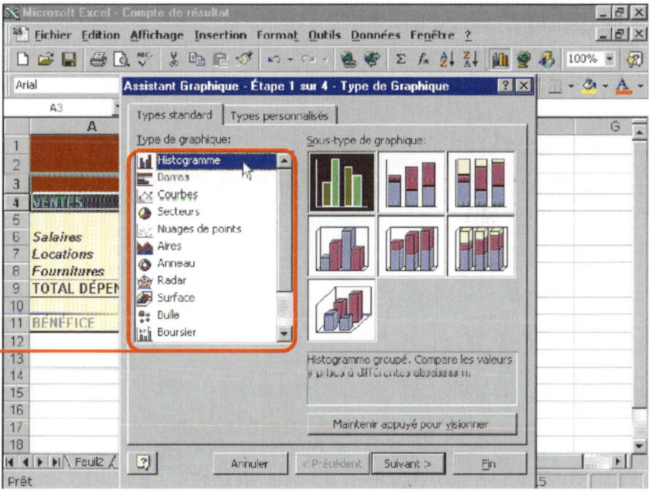

3 Cliquez sur le type de graphique souhaité.

Note. Vous pourrez modifier le type de graphique ultérieurement. Pour toute information supplémentaire, reportez vous à la page 192.

Vous pouvez retourner à l'étape précédente pour modifier les choix effectués à n'importe quel moment de la création d'un graphique.

CRÉER UN GRAPHIQUE (SUITE)

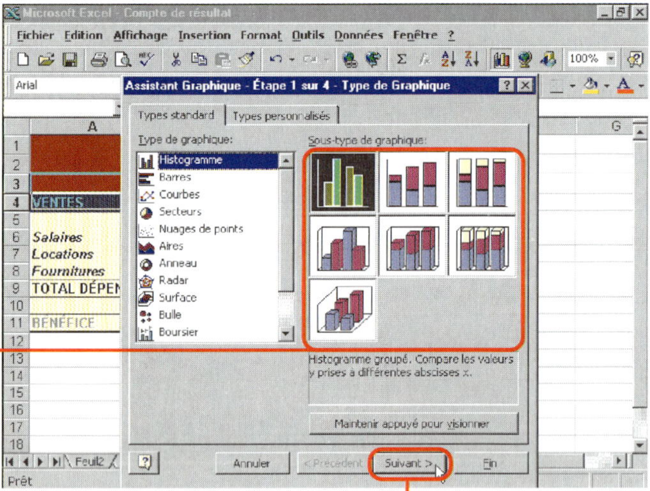

4 Cliquez sur le sous-type de graphique choisi

*Note. Les sous-types de graphiques disponibles dépendent du type de graphique sélectionné dans l'étape **3**.*

5 Pour continuer, cliquez sur **Suivant**.

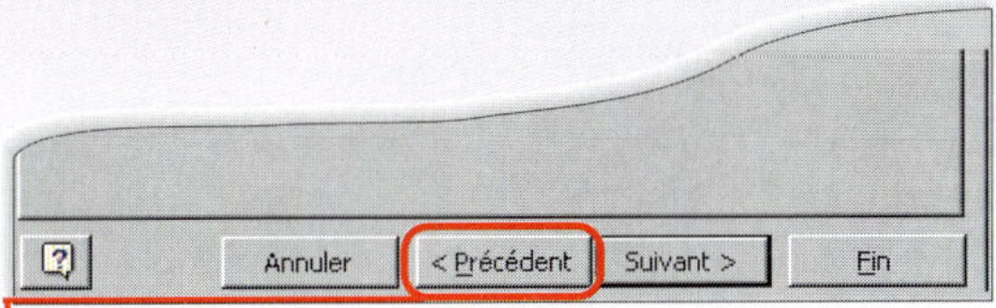

■ Pour ce faire, cliquez sur **Précédent**.

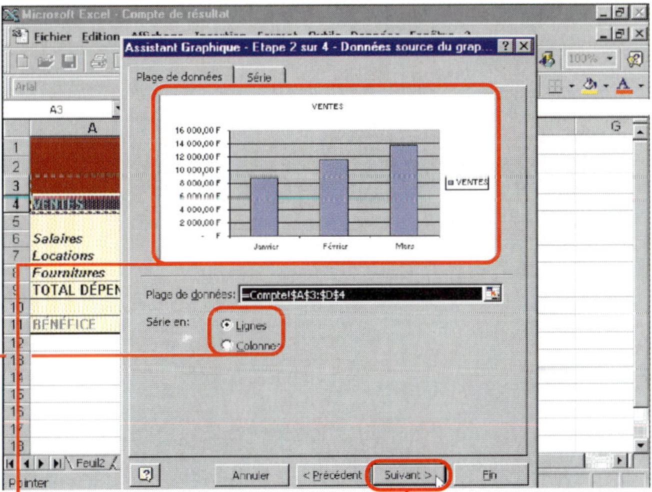

■ Cette zone affiche un aperçu du graphique

6 Pour sélectionner la manière d'afficher les données de la feuille de calcul, cliquez sur l'une de ces options (○ devient ◉).

7 Pour continuer, cliquez sur **Suivant**.

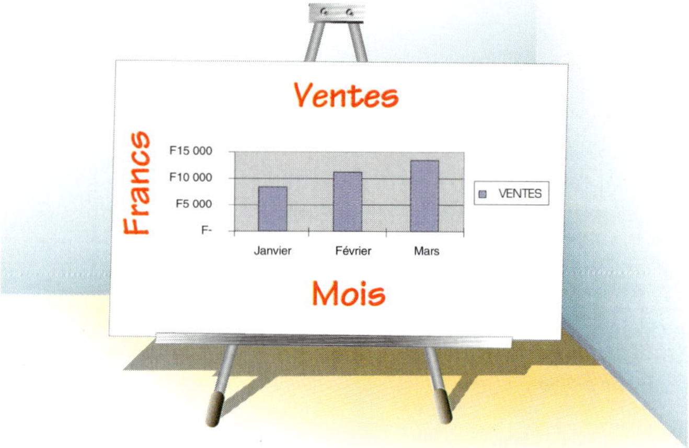

CRÉER UN GRAPHIQUE (SUITE)

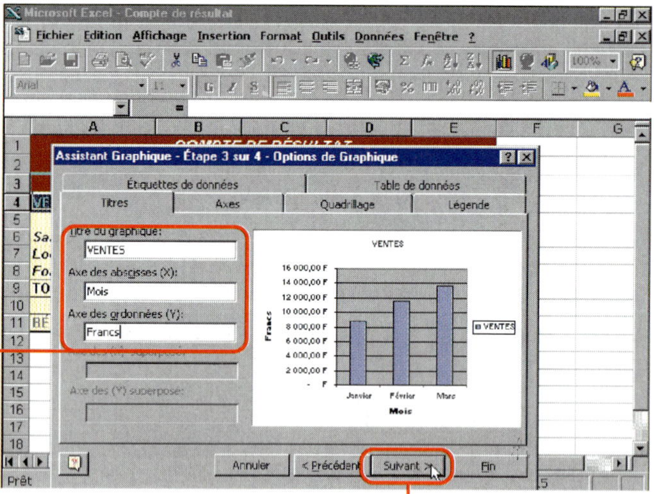

8 Pour ajouter un titre au graphique, cliquez sur la case de titre, puis saisissez le titre souhaité.

9 Répétez l'étape **8** pour chaque titre à ajouter

10 Pour continuer, cliquez sur **Suivant**.

Vous pouvez ajouter des titres aux graphiques pour les rendre plus facilement compréhensibles.

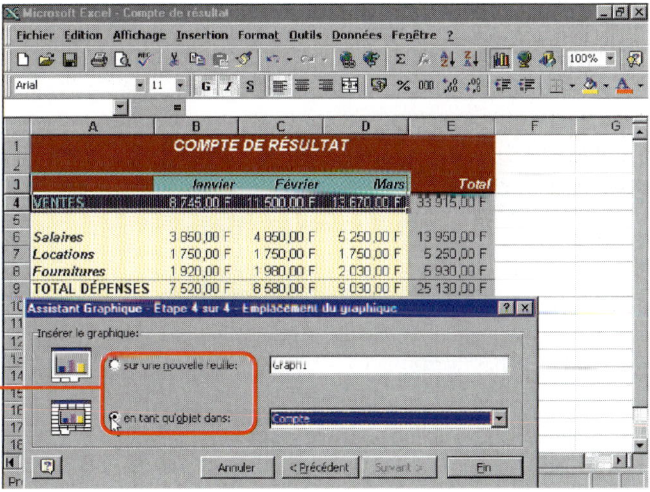

11 Pour choisir l'endroit où afficher le graphique, cliquez sur l'une de ces options (○ devient ◉).

Sur une nouvelle feuille
Affiche le graphique sur une nouvelle feuille, appelée feuille de graphique.

En tant qu'objet dans

Affiche le graphique dans la feuille de calcul contenant les données.

CRÉER UN GRAPHIQUE (SUITE)

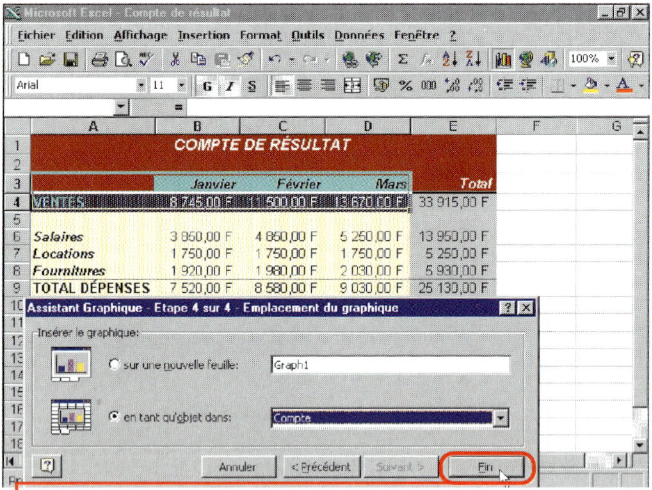

12 Pour terminer le graphique, cliquez sur **Fin**.

Si vous modifiez les données utilisées dans un graphique, Excel met automatiquement le graphique à jour.

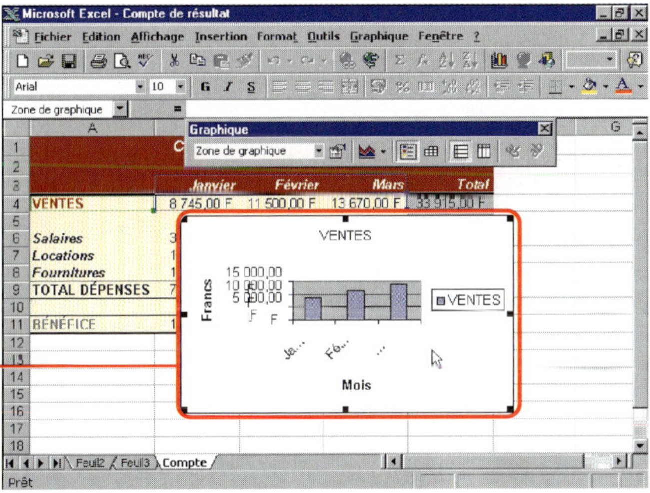

- Le graphique s'affiche.

2 Pressez Suppr

SUPPRIMER UN GRAPHIQUE

1 Cliquez sur une zone vierge du graphique. Des poignées apparaissent sur les coins et les côtés du graphique.

MODIFIER LE TYPE DE GRAPHIQUE

MODIFIER LE TYPE DE GRAPHIQUE

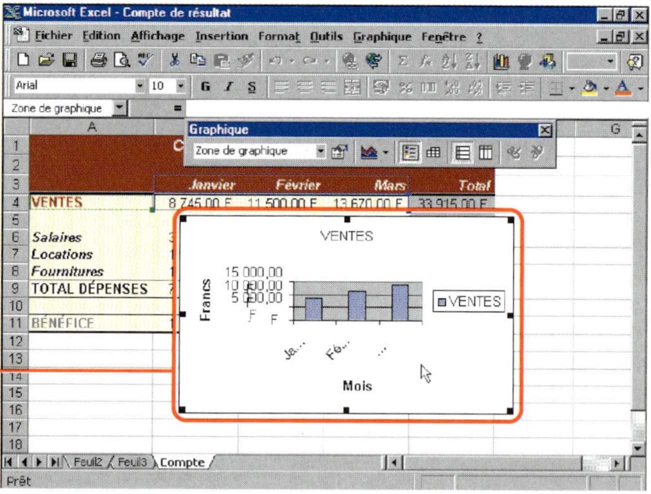

1 Pour modifier un graphique, cliquez sur une zone vierge du graphique. Des poignées (■) apparaissent tout autour.

■ Pour modifier un graphique sur une feuille de graphique, cliquez sur l'onglet de la feuille.

Vous pouvez modifier le type d'un graphique déjà créé, afin qu'il s'adapte mieux aux données.

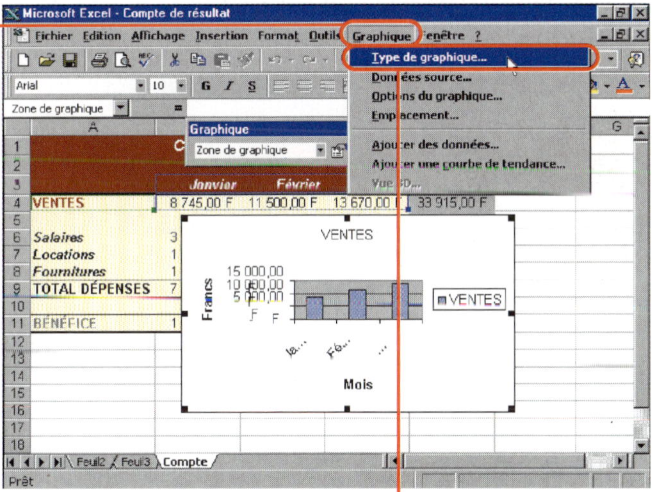

2 Cliquez sur **Graphique**.

3 Cliquez sur **Type de graphique**.

■ La boîte de dialogue **Type de graphique** apparaît.

MODIFIER LE TYPE DE GRAPHIQUE

MODIFIER LE TYPE DE GRAPHIQUE (SUITE)

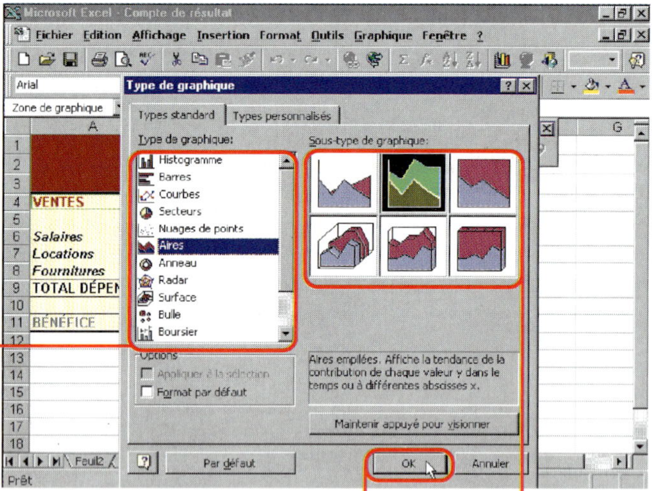

4 Cliquez sur le type de graphique choisi.

5 Cliquez le sous-type de graphique souhaité.

6 Cliquez sur **OK**.

Le choix du graphique dépend du type de données que l'on souhaite représenter. Par exemple, les aires, les histogrammes et les barres montrent de manière idéale l'évolution des valeurs au fil du temps. En revanche, l'utilisation des camemberts est recommandée pour représenter des proportions.

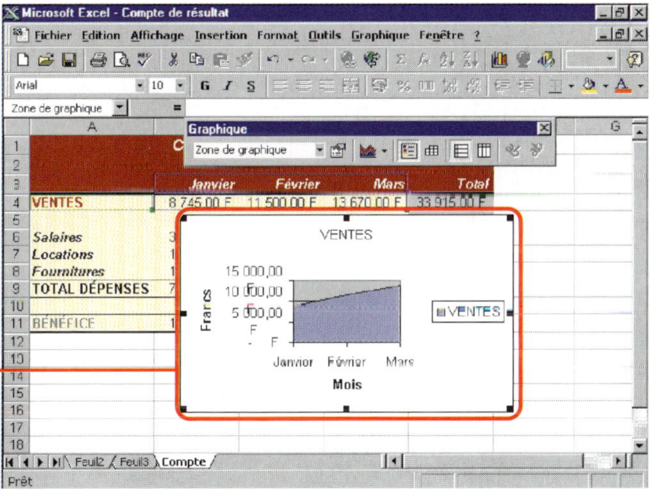

Le graphique choisi s'affiche alors.

DÉPLACER UN GRAPHIQUE

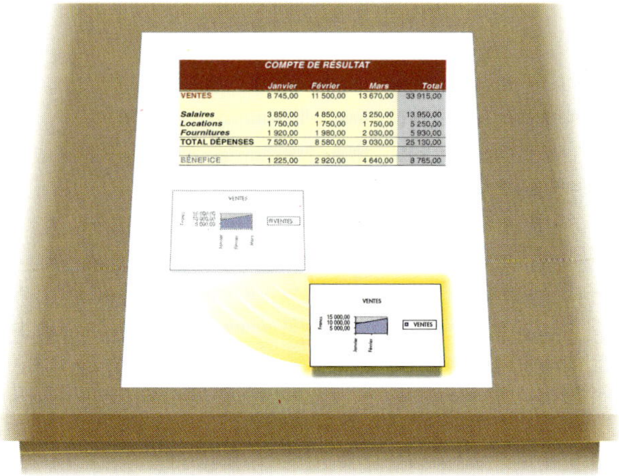

DÉPLACER UN GRAPHIQUE

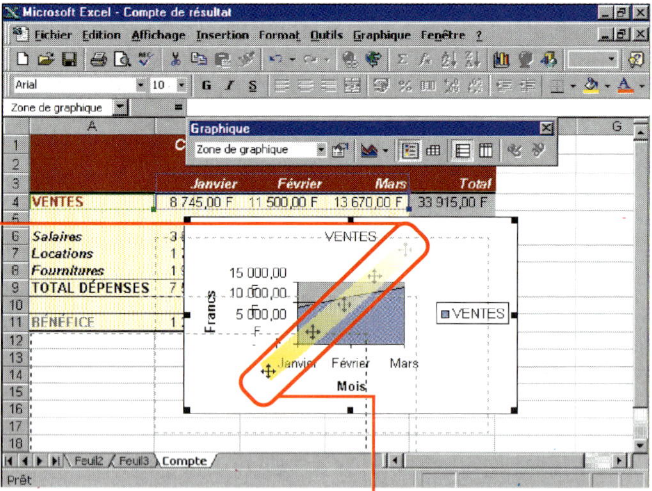

1 Placez le pointeur sur une zone vierge du graphique.

2 Déplacez le graphique vers son nouvel emplacement. Une ligne en pointillés matérialise le nouveau positionnement.

Vous pouvez déplacer un graphique ou modifier sa taille, même après sa création.

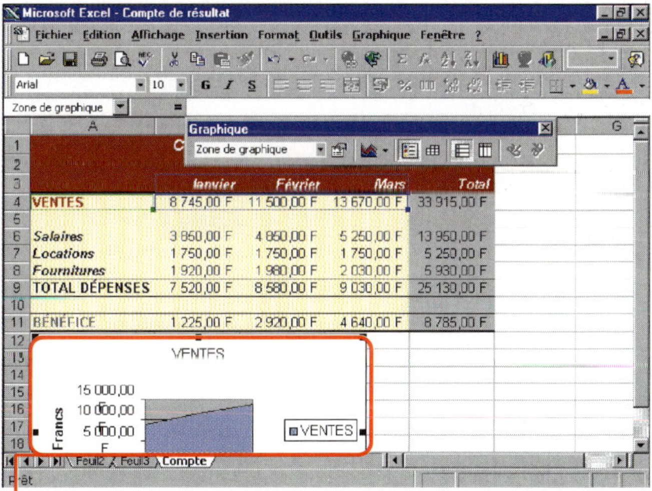

Le graphique adopte son nouvel emplacement

REDIMENSIONNER UN GRAPHIQUE

Les poignées (■) apparaissant sur les coins et les côtés des graphiques vous permettent de modifier la taille des graphiques.

REDIMENSIONNER UN GRAPHIQUE

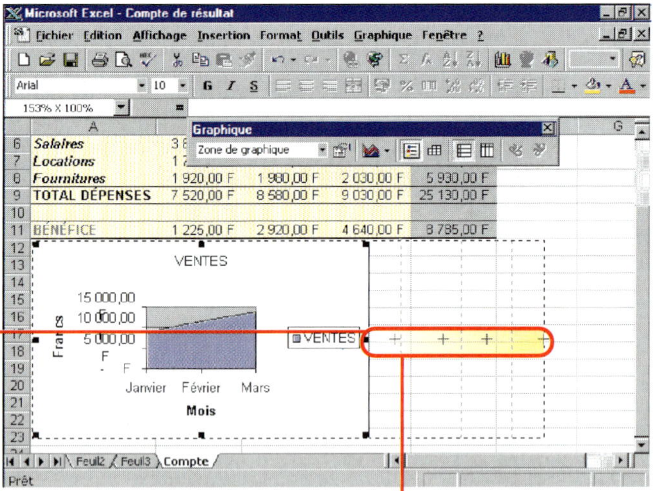

1 Cliquez sur une zone vierge du graphique : des poignées (■) apparaissent tout autour.

2 Placez le pointeur ↖ sur l'une des poignées (■). Le pointeur ↖ devient ↔ ou ↕).

3 Déplacez le côté du graphique jusqu'à atteindre la taille voulue. Une ligne en pointillés matérialise la nouvelle dimension.

Modifie à la fois la hauteur et la largeur d'un graphique.

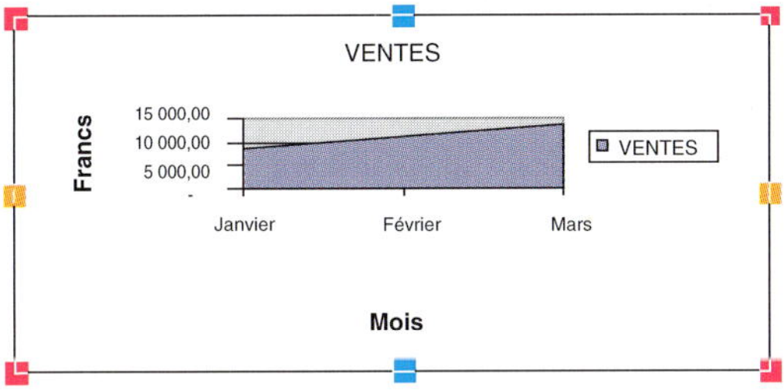

Modifie la largeur d'un graphique.

Modifie la hauteur d'un graphique.

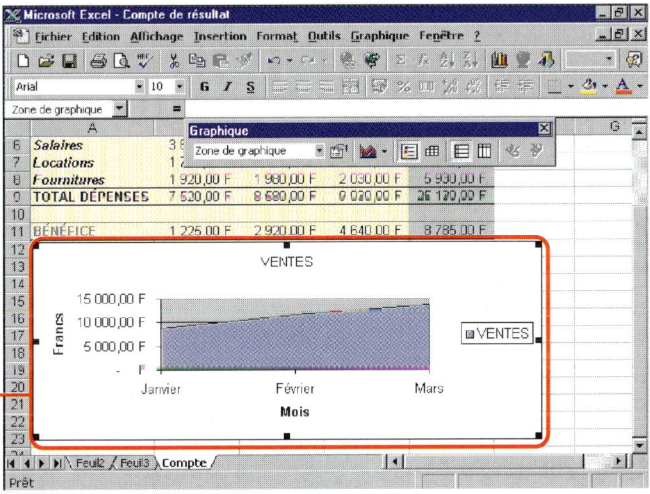

Le graphique adopte alors sa nouvelle taille.

IMPRIMER UN GRAPHIQUE

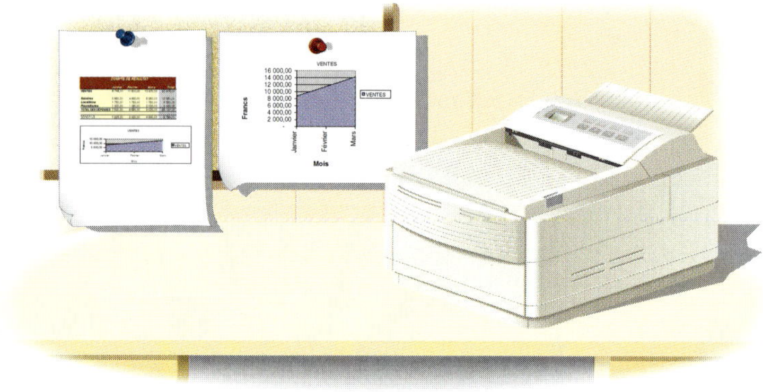

IMPRIMER UN GRAPHIQUE

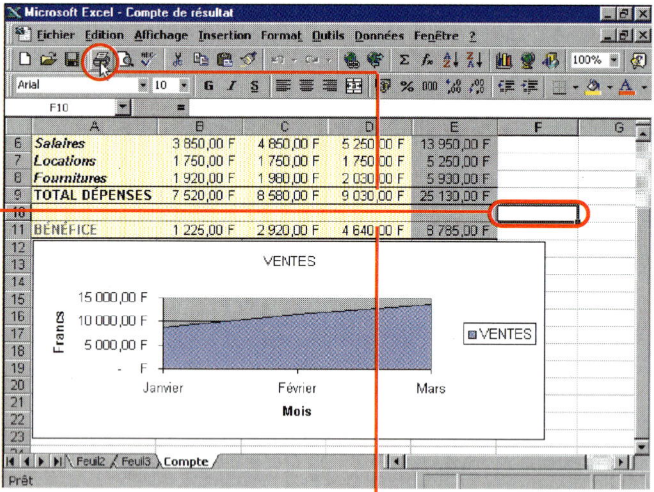

1 Cliquez sur n'importe quelle cellule en dehors du graphique.

2 Cliquez sur 🖨.

Note. Pour plus d'informations sur l'impression, reportez-vous aux pages 148 et suivantes.

Vous pouvez imprimer le graphique sur la même page que les données ou bien sur une page différente.

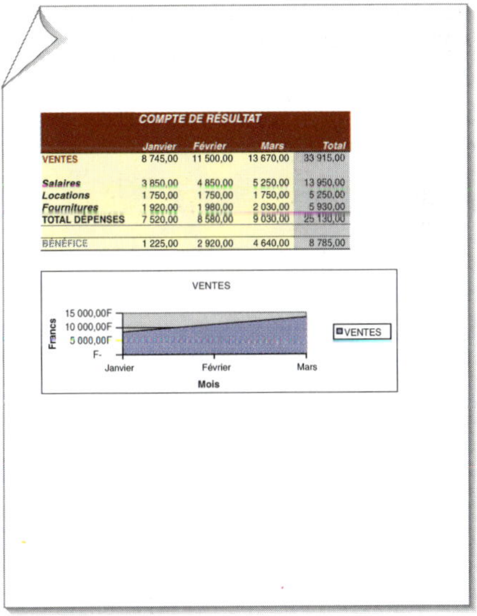

COMPTE DE RÉSULTAT	Janvier	Février	Mars	Total
VENTES	8 745,00	11 500,00	13 670,00	33 915,00
Salaires	3 850,00	4 850,00	5 250,00	13 950,00
Locations	1 750,00	1 750,00	1 750,00	5 250,00
Fournitures	1 920,00	1 980,00	2 030,00	5 930,00
TOTAL DÉPENSES	7 520,00	8 580,00	9 030,00	25 130,00
BÉNÉFICE	1 225,00	2 920,00	4 640,00	8 785,00

IMPRIMER UN GRAPHIQUE

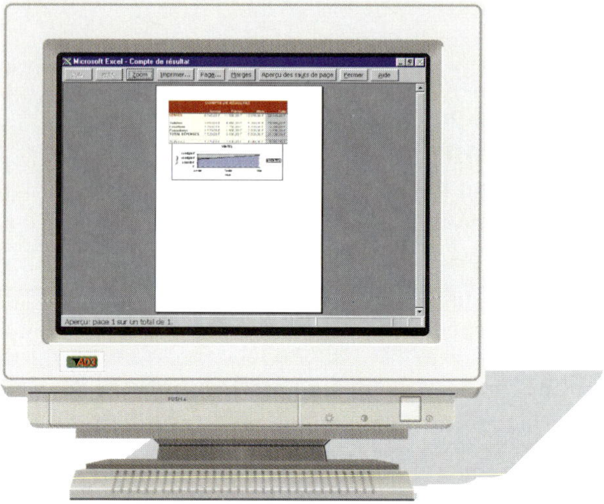

IMPRIMER UN GRAPHIQUE SUR UNE PAGE ENTIÈRE

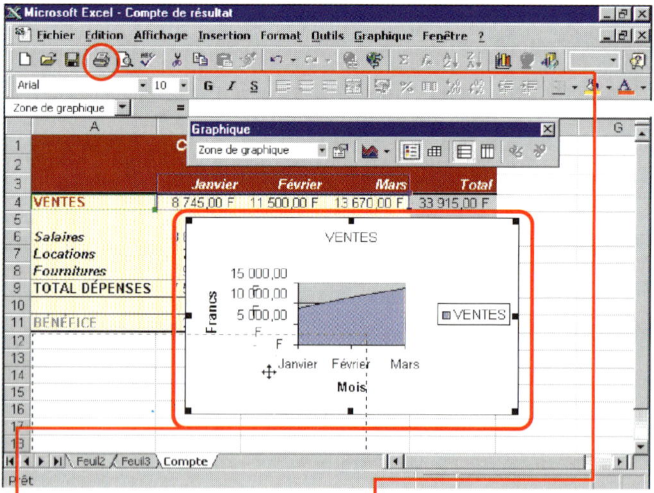

1 Pour imprimer un graphique affiché sur une feuille de calcul, cliquez sur une partie vierge du graphique

■ Pour imprimer un graphique affiché sur une feuille de graphique, cliquez sur sur l'onglet de la feuille

2 Cliquez sur 🖨.

Vous pouvez avoir un aperçu d'un graphique à l'écran tel qu'il apparaîtra une fois imprimé.

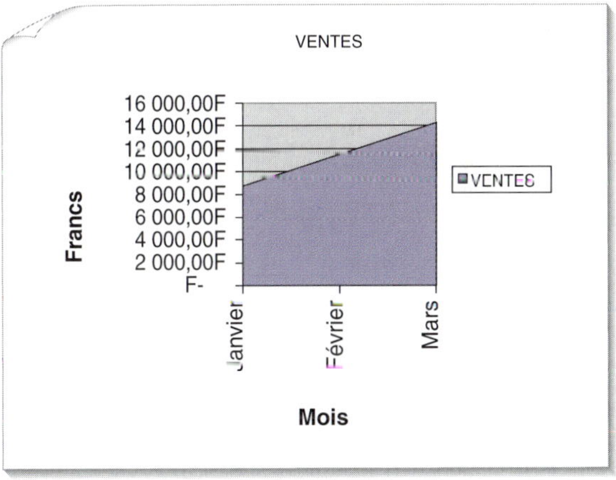

Note. Lorsque vous imprimez un graphique sur une page entière, il s'étendra de manière à remplir la page. Ainsi, le graphique imprimé peut paraître différent de sa version à l'écran.

INDEX

D

E

F

G, H

INDEX

COLLECTIONS 3-D Visuel

C'EST SIMPLE

ET AUSSI !
Windows 98 Plus fort c'est simple

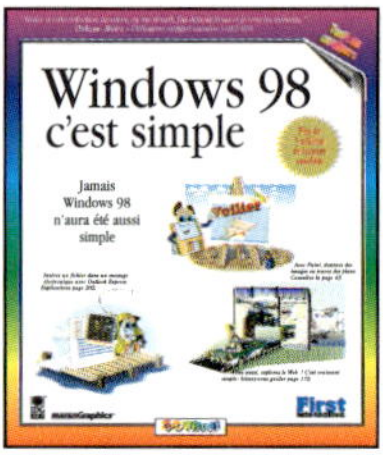

Windows 98 c'est simple
65 0470 8 — 139 F

Excel 97 c'est simple
65 0394 0 — 139 F

Les pages couleurs Internet
65 0388 2 — 159 F

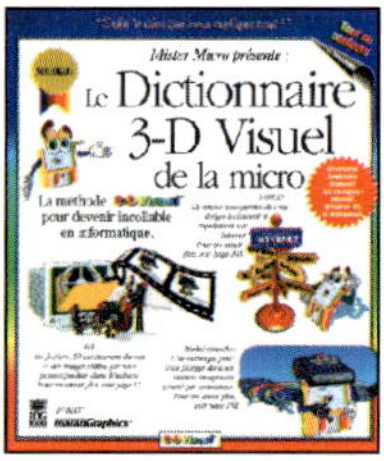

Le dictionnaire 3D Visuel de la micro
65 0373 4 — 129 F

Windows 95 c'est simple
65 0333 8 — 129 F

POCHES VISUELS

Windows 98 Poche Visuel
65 0006 0 — 69 F

Windows 95 Poche Visuel
65 0005 2 — 69 F

Word 97 Poche Vis
65 0007 8

First Interactive

rd 97
st simple

381 7 139 F

Office 97
c'est simple

65 0377 5 159 F

Internet
c'est simple

65 0360 1 129 F

dows Plus fort
st simple

366 8 129 F

La micro
c'est simple

65 0346 0 129 F

ET AUSSI !
La micro Multimédia et Internet c'est simple

Excel 97
Poche Visuel

65 0004 5 69 F

Poche Visuel
Excel 97

Pour connaître les nouvelles parutions
dans vos collections favorites,
retournez votre **Fiche lecteur** et recevez gratuitement
le catalogue **Livres d'informatique**
des éditions **First Interactive**.

A mon avis, ce livre est :

- ❑ Excellent
- ❑ Satisfaisant
- ❑ Moyen
- ❑ Insuffisant

Ce que je préfère dans ce livre :

____

____

____

Mes suggestions pour l'améliorer :

____

____

____

En informatique, je me considère comme :

- ❑ Débutant
- ❑ Initié
- ❑ Expérimenté
- ❑ Professionnel

J'utilise l'ordinateur :

- ❑ Au bureau
- ❑ A la maison
- ❑ A l'école
- ❑ Autre :

J'ai acquis ce livre :

- ❑ En librairie :
- ❑ Par correspondance
- ❑ Dans une grande surface :
- ❑ Autre :

Je m'intéresse plus particulièrement aux domaines suivants :

- ❑ Traitement de texte
- ❑ Base de données
- ❑ Internet et Web
- ❑ Langage de programmation
- ❑ Tableur
- ❑ Graphisme et PAO
- ❑ Communications et réseaux
- ❑ Formation à l'informatique

Nom : ______________________________

Prénom : ______________________________

Rue : ______________________________

Ville : ______________________________ Code postal : ______________

Pays : ______________________________

J'ai vraiment adoré ce livre ! Vous pouvez citer mon témoignage dans vos documents promotionnels.
Voici mon numéro de téléphone en journée : ______________________________

Fiche Lecteur à découper ou à photocopier. Adresse au verso.

Editions First Interactive
13-15, rue Buffon
75005 Paris
France